Susanne G. Kostorz

Krankheit und Berufsleben

Susanne G. Kostorz

Krankheit und Berufsleben

Erfahrungen und Ratschläge zu Rente, Reha, Wiedereingliederungsprogramm und Co.

Bloggingbooks

Impressum/Imprint (nur für Deutschland/only for Germany)
Bibliografische Information der Deutschen Nationalbibliothek: Die Deutsche Nationalbibliothek verzeichnet diese Publikation in der Deutschen Nationalbibliografie; detaillierte bibliografische Daten sind im Internet über http://dnb.d-nb.de abrufbar.

Coverbild: www.ingimage.com

Verlag: Bloggingbooks ist ein Imprint der
Südwestdeutscher Verlag für Hochschulschriften GmbH & Co. KG
Heinrich-Böcking-Str. 6-8, 66121 Saarbrücken, Deutschland
Telefon +49 681 37 20 271-1, Telefax +49 681 37 20 271-0
Email: info@bloggingbooks.de

Herstellung in Deutschland (siehe letzte Seite)
ISBN: 978-3-8417-7026-4

Imprint (only for USA, GB)
Bibliographic information published by the Deutsche Nationalbibliothek: The Deutsche Nationalbibliothek lists this publication in the Deutsche Nationalbibliografie; detailed bibliographic data are available in the Internet at http://dnb.d-nb.de.

Cover image: www.ingimage.com

Publisher: Bloggingbooks
is an imprint of the publishing house
Südwestdeutscher Verlag für Hochschulschriften GmbH & Co. KG
Heinrich-Böcking-Str. 6-8, 66121 Saarbrücken, Deutschland
Phone +49 681 37 20 271-1, Fax +49 681 37 20 271-0
Email: info@bloggingbooks.de

Printed in the U.S.A.
Printed in the U.K. by (see last page)
ISBN: 978-3-8417-7026-4

Inhaltsverzeichnis

Vorwort

Seit vier Jahren schreiben wir auf www.sozialblog.com. Wir schreiben, um zu informieren, aufzuklären und um Lösungen anzubieten. Wir schreiben über Sozialversicherungsthemen, also über Themen, die jeden angehen. Oft wird dies zwar verdrängt. Aber spätestens, wenn man selbst oder jemand in der Familie in eine Notlage (z.B. schwere Krankheit, Arbeitslosigkeit, Pflegebedürftigkeit) kommt, steht man diesen Themen gegenüber – und wird mit völlig neuen Fragen und Problemen konfrontiert. So erging es auch mir nach einer schweren Erkrankung. Als Managerin war ich gewohnt, die Zügel in der Hand zu halten, Probleme zu lösen und zu entscheiden. Mit der Krankheit und der daraus folgenden Erwerbsunfähigkeit musste ich vieles neu erlernen. Nicht zuletzt musste ich mich daran gewöhnen, mit der existentiellen Abhängigkeit von manchen Behörden und Versicherungen zu leben, aber auch zu kämpfen, wenn diese z.B. trotz eindeutiger Indikation dringend notwendige Behandlungen nicht genehmigten. Ich lernte neue und teilweise komplexe Formulare, Prozesse und Gutachten kennen. Und ich merkte ziemlich schnell, dass ein schwerkranker Patient ohne fachliche und emotionale Unterstützung sehr schnell überfordert sein kann mit dem, was auf ihn – zusätzlich zur Krankheitsbewältigung – zukommt. Denn die wenigsten Menschen kennen sich im Sozial- und Gesundheitswesen detailliert aus. Ich persönlich hatte das Glück, dass ich bei all dem, was auf mich zukommen sollte, von mehreren wunderbaren Menschen unterstützt wurde. Und diesen Menschen bin ich immer wieder sehr dankbar! Danke!! Danken möchte ich an dieser Stelle vor allem auch dem Impulsgeber und Sozialblog-Partner Jan Willamowius, der u.a. durch sein hervorragendes technisches Knowhow dafür sorgt, dass die Website www.sozialblog.com jederzeit aufrufbar ist! Vielen Dank auch an die Mitschreiber im Blog – ich freue mich immer wieder, von Euch zu lesen!

Gleichzeitig ist mir wichtig, das Wissen, das ich heute habe, zu teilen. Ich möchte das Wissen teilen mit denen, die vor ähnlichen Problemen stehen. Ich möchte das Wissen teilen mit denen, die durch Beruf oder ihre private Situation aktuell andere Menschen während ihrer Erkrankung unterstützen. Und ich möchte Lösungen anbieten für Probleme, die niemand haben möchte. Daher habe ich mich auch entschieden, einen wichtigen Ausschnitt des Sozialblog neu zu strukturieren und in diesem Buch zu veröffentlichen. Alle Ursprungstexte sind online auf www.sozialblog.com zu finden. In diesem Zusammenhang bitte ich Sie um Verständnis, dass ich zugunsten der Original-Beiträge auf eine Vereinheitlichung des vorliegenden Gesamttextes verzichtet habe. Dies betrifft vor allem die Tonalität der einzelnen Texte, trifft aber auch auf die Wahl der Schreibweise (männlich oder/und weiblich) zu.

Kurze Inhaltsangabe

In diesem Buch werden die wichtigsten Begriffe rund um das Thema „Arbeit und Krankheit“ erklärt und zum Teil detailliert betrachtet. Zudem werden Handlungsempfehlungen gegeben, die für den Leser eine Unterstützung im Arbeits- und Krankheitsalltag bieten sollen. Einen großen Raum nimmt im zweiten Kapitel das Thema „Wiedereingliederungsprogramm“ ein, da in der Vergangenheit deutlich wurde, wie viel Informationsbedarf hier aktuell besteht. Zu diesem Konzept, das auch unter dem Namen „Hamburger Modell“ bekannt ist, gehen bis heute mit Abstand die meisten Anfragen bei uns ein, entweder per E-Mail an die Autoren oder über die Kommentarfunktion zu einschlägigen Beiträgen. Dabei erleben wir immer wieder, wie weit gelebte Praxis und theoretisches Regelwerk bei der Wiedereingliederung voneinander entfernt sind. Eine Auswahl dieser Anfragen finden Sie in diesem Buch als Fallbeispiele wieder. Da wir als Verfasser des Sozialblog großen Wert auf den Schutz personenbezogener Daten legen, habe ich die vorgestellten Fallbeschreibungen zum Thema „Wiedereingliederung“ leicht abgewandelt und anonymisiert. Mein Ziel ist es u.a., aufzuzeigen, wie – vor allem durch Unkenntnis auf allen Seiten – in der Praxis Komplikationen und Probleme bei der Wiedereingliederung entstehen können. Was nicht verwunderlich ist: Denn bei einem Wiedereingliederungsprogramm sind vier Parteien (Patient, behandelnder Arzt, Krankenkasse und Arbeitgeber) beteiligt, wobei der – zum großen Teil überforderte und unwissende – Patient in der Regel die Schlüsselrolle innehat, und die Kommunikation nach allen Seiten übernehmen muss. Dabei kommt es häufig zu Missverständnissen und unterschiedlichen Erwartungshaltungen, die teilweise nur schwer aus der Welt zu räumen sind. Meist ist daher eine intensive und direkte Kommunikation vonnöten, unterstützt durch Fachleute im Gesundheitswesen und/oder Arbeitsrecht! Oft gaben wir daher auch in den vorliegenden – zum Teil sehr komplexen – Fallbeispielen letztlich den Rat, sich an Sozialrechts- oder Arbeitsrechtsexperten zu wenden.

Haftungsausschluss

Wir selbst, die Verfasser des Sozialblog, versuchen, Informationen so aktuell und detailliert wie möglich zu recherchieren und darzustellen; zu einem großen Teil sind es auch unsere selbst gemachten Erfahrungen. Eine Gewähr für die Vollständigkeit, Richtigkeit und Aktualität können wir jedoch nicht übernehmen. Die Beiträge in diesem Buch sind daher ausschließlich als Basis- bzw. Erstinformation zu werten, und können – wie auch in den geschilderten Fällen später deutlich wird – wichtige und professionelle Beratung durch ausgebildete und anerkannte Fachärzte, Fachanwälte, Sozialberater und/oder ggf. andere im Gesundheitswesen tätige Experten nicht ersetzen. Im Einzelfall ist eine persönliche Untersuchung oder ein persönliches Gespräch anzuraten. Daher bitten wir Sie: Suchen Sie bei ähnlich gelagerten Problemen in jedem Fall den direkten und persönlichen Kontakt zu den einzelnen Leistungsträgern und Experten im Gesundheits- bzw. Sozialwesen. Lassen Sie sich von diesen individuell beraten!

Haftungsansprüche gegen uns, welche sich auf Schäden materieller oder ideeller Art beziehen, die durch die Nutzung oder Nichtnutzung der dargebotenen Informationen bzw. durch die Nutzung fehlerhafter und unvollständiger Informationen verursacht wurden, sind grundsätzlich ausgeschlossen.

Quellen

Wenn nicht explizit andere Quellen erwähnt sind, recherchierten wir für die hier zusammengetragenen Blogbeiträge auf verschiedenen fachspezifischen Websites[1]. Eigene Erfahrungen der Blog-Schreiber (geprägt durch Beruf, eigene Krankheit und Mitgliedschaft in Online-Selbsthilfeforen) ergänzen die theoretischen Definitionen.

---

[1] Siehe Literaturverzeichnis unten; vor allem www.aerztezeitung.de, www.deutsche-rentenversicherung.de, www.tk.de, www.einfach-teilhaben.de, www.schwbv.de (alle zuletzt aufgerufen am 17.03.2012)

Begriffsdefinitionen und erste Erläuterungen

Stufenweise Wiedereingliederung – "Hamburger Modell"

Nach dem geltenden Arbeits- und Sozialrecht ist ein Arbeitnehmer arbeitsunfähig, wenn er auf Grund einer Erkrankung nicht seine volle vertraglich vereinbarte Arbeitsleistung erbringen kann. Andererseits ist anerkannt, dass ein arbeitsunfähiger Arbeitnehmer trotz Erkrankung oft in der Lage ist, unter erleichterten Arbeitsbedingungen tätig zu sein. Unbestritten ist auch, dass diesem durch eine allmähliche Steigerung der beruflichen Belastung die Rückkehr in den Beruf erleichtert werden kann.

Kranken- und Rentenkassen sowie sonstige Versicherungsträger fördern deshalb u. a. im Interesse der Betroffenen die sogenannte stufenweise Wiedereingliederung, die auch "Hamburger Modell" genannt wird (§ 74 SGB V, § 28 SGB IX).[2] In Deutschland ist das Wiedereingliederungsprogramm primär nur für Mitglieder einer Gesetzlichen Krankenversicherung (GKV) vorgesehen. Bei manchen Privaten Krankenversicherungen und/oder in Großunternehmen bzw. Behörden wurden aber bereits ähnliche Konzepte eingeführt (z.B. Wiedereingliederung für Beamte[3]).[4] Daher haben Mitglieder der Privaten Krankenversicherung (PKV) – und damit auch Beamte – grundsätzlich die Chance, ähnliche Programme anzustreben. Betroffene müssen sich dann jedoch mit ihrer Krankenkasse, dem behandelnden Arzt und dem Arbeitgeber beraten, um eine gesonderte und individuelle Vereinbarung zwischen allen beteiligten Parteien zu treffen.

---

[2] http://www.schwbv.de/hamburger_modell.html (zuletzt aufgerufen am 17.03.2012)

[3] „Merkblatt zur stufenweisen Wiedereingliederung (analog zum Hamburger Modell) (Beamtinnen und Beamte)“, gelesen auf: http://www.bezreg-koeln.nrw.de/brk_internet/organisation/abteilung04/dezernat_47/aktiv/wiedereingliederung/merkblatt_eingliederung_beamte/index.html (zuletzt aufgerufen am 11.03.2012)

[4] Stein, Günter: Wiedereingliederung nach psychischer Krankheit, auf: BWR-media.de vom 23.09.2011 bzw. http://www.bwr-media.de/personal-arbeitsrecht/741_wiedereingliederung-nach-psychischer-krankheit (zuletzt aufgerufen am 17.03.2012)

Oft wird eine stufenweise Wiedereingliederung während einer Reha- oder Krankenhausbehandlung o.ä. für die Zeit danach empfohlen, und im Entlass-Bericht bereits vermerkt. So war es auch bei mir: *"Die Patientin ist nach Entlassung arbeitsunfähig aufgrund der Krankheiten XYZ. Wir empfehlen eine berufliche Wiedereingliederung im Rahmen der nächsten sechs Monate."*

Prozedere

Die Wiedereingliederung erfolgt auf der Grundlage ärztlicher Feststellungen. Die ärztliche Bescheinigung muss den Wiedereingliederungsplan und eine Prognose über den Zeitpunkt der zu erwartenden Wiedererlangung der Arbeitsfähigkeit enthalten. Es kommt jedoch auch vor, dass der Arzt noch keine Prognose abgeben möchte und hier: „Noch nicht absehbar" oder „abhängig vom Verlauf der Wiedereingliederung" etc. vermerkt. Arbeitsrechtlich bedarf die Wiedereingliederung regelmäßig einer gesonderten Vereinbarung des Arbeitnehmers mit dem Arbeitgeber über die vom Arbeitsvertrag abweichende Art und Weise der Beschäftigung.

Ganz konkret heißt dies: Koordiniert wird das Wiedereingliederungsprogramm vom behandelnden Arzt. Dafür gibt es separate Formulare, die in der Regel in jeder Praxis vorhanden sind. In Absprache mit dem Patienten wird der Arzt dort die Eckdaten eintragen (z.B. die ersten sechs Wochen drei Stunden pro Tag, dann weitere sechs Wochen vier Stunden pro Tag), und das Formular mit Unterschrift und Stempel versehen.

Nachdem der Arbeitnehmer unterschrieben hat, wird dieses Formular dem Arbeitgeber bzw. der Personalabteilung oder dem Vorgesetzten zur Unterschrift vorgelegt. Wenn alle unterschrieben haben, gehen die einzelnen Durchschläge des Formulars an alle Beteiligten, einer geht an die Krankenkasse. Dieses Prozedere wird dann alle paar Wochen (je nachdem, in welchem Rhythmus der Arzt die weiteren Untersuchungen und die Steigerungen angesetzt hat) wiederholt.[5]

Wichtig ist jedoch, ein geplantes Wiedereingliederungsprogramm vorab mit dem Arbeitgeber abzusprechen. Es gibt Fälle (leider habe ich selbst so einen erlebt), in denen der Arbeitgeber seine Zustimmung nicht gibt. Er muss dies auch nicht begründen (eine Ausnahme bildet das betriebliche Eingliederungsmanagement/BE).[6] Und soweit ich weiß, ist ein gewisser Beschäftigungsanspruch bisher leider nur im Schwerbehindertenrecht gesetzlich verankert (§ 81 Abs. 4 Satz 1 Nr. 1 SGB IX).[7]

Finanzielles

Im Fall der stufenweisen Wiederaufnahme der Arbeit erhält der arbeitsunfähige Arbeitnehmer weiterhin die ihm sozialrechtlich zustehenden Leistungen. Ganz konkret: Bezahlt wird der Arbeitnehmer während des Wiedereingliederungsprogramms von der Krankenkasse oder Rentenversicherung. Manchmal bietet der Arbeitgeber an, einen Teil des Entgeltes oder auch die Fahrtkosten zusätzlich zu bezahlen. Hier sollten Sie sich nochmals bei der Personalabteilung erkundigen. Grundsätzlich haben Sie während der Wiedereingliederungszeit jedoch weiterhin den Status der Arbeitsunfähigkeit.

Dauer

Ein Wiedereingliederungsprogramm dauert in der Regel mehrere Wochen bis mehrere Monate, sollte jedoch in der Praxis nicht viel länger als ein halbes

[5] http://www.talentplus.de/lexikon/S/stufenweise_wiedereingliederung.html (zuletzt aufgerufen am 17.03.2012)

[6] http://www.arbeitsrecht.org/betriebsrat/arbeitsrecht/wie-sie-als-betriebsrat-das-hamburger-modell-zum-erfolgsmodell-ihrer-eigenen-arbeit-machen (zuletzt aufgerufen am 18.03.2012)

[7] http://www.einfach-teilhaben.de/DE/StdS/Ausb_Arbeit/ArbPl_sichern/Wiedereingliedern/wiedereingliedern_node.html (zuletzt aufgerufen am 17.03.2012) und http://www.schwbv.de/hamburger_modell.html (zuletzt aufgerufen am 17.03.2012)

Jahr andauern.[8] Denn sollte es länger dauern, stellt sich für die Krankenkasse die Frage, ob die Erwerbsfähigkeit nicht doch grundsätzlich gefährdet ist. Bei längerer Dauer des Eingliederungsprogramms schaltet sich daher oft der Medizinische Dienst der Krankenkassen (MDK) ein, um zu überprüfen, warum das Wiedereingliederungsprogramm stockt. Sein erster Ansprechpartner ist in der Regel der Hausarzt.

Komplikationen

Trotz des sehr guten Konzeptes ist es gut möglich, dass Komplikationen (Krankheit, aber auch Unstimmigkeiten am Arbeitsplatz oder mit der Krankenkasse, Ärger mit Kollegen oder Vorgesetzten, fehlendes Verständnis etc.) auftreten. Im Laufe der letzten Jahre wurde auf Grund vieler Anfragen in unserem Sozialblog deutlich, wie oft Unwissen oder Verständnislosigkeit auf allen Seiten bei der Wiedereingliederung zu Problemen führen können. Einige dieser Fälle werden in diesem Buch vorgestellt. Auch werden Lösungsmöglichkeiten angeboten. Ein Tipp aus eigener Erfahrung: Bei Komplikationen, Unstimmigkeiten oder Missverständnissen sollte vor allem auf Kommunikation gesetzt werden. Vor allen Dingen sollte zuallererst der behandelnde Arzt zu Rate gezogen werden.

Fazit aus eigener Erfahrung

Grundsätzlich ist meines Erachtens das Wiedereingliederungsprogramm eine hervorragende Lösung, um Arbeitnehmern nach langer Krankheit die Rückkehr in den Beruf zu ermöglichen. Was jedoch deutlich wird: Es fehlt bei vielen Beteiligten (noch) an Detailwissen, was teilweise zu Schwierigkeiten und Unstimmigkeiten führen kann. Hier ist m.E. noch einiges an Fortbildung (Arbeitgeber, Mediziner, Betriebsräte und Krankenkassen) und Aufklärung (vor allem bei den Patienten) zu leisten. Im Idealfall ist der Arbeitnehmer jedoch nach einem gelungenen Wiedereingliederungsprogramm wieder voll

---

[8] s.o.

einsatzfähig, kann so seinen "Krankenstand" schrittweise beenden – und steht wieder mitten im (Arbeits-)Leben.

Betriebliches Eingliederungsmanagement (BEM)

Zum Schutz der Arbeitnehmer/-innen, die längere Zeit krank waren bzw. sind, wurde 2004 das Betriebliche Eingliederungsmanagement (kurz: BEM) eingeführt (für juristisch Interessierte: Neufassung des § 84 Absatz 2 des Sozialgesetzbuchs 9).[9]

Dieses schreibt vor, dass der Arbeitgeber einem Beschäftigten, der sechs Wochen lang arbeitsunfähig ist – dauerhaft oder zusammengefasst über ein Jahr – die Teilnahme an einem Eingliederungsprozess anbieten muss.[10] Es beginnt mit der Einladung zu einem Gespräch mit einem Fall- oder Disability-Manager.

Wichtig: Das Gesetz gilt für alle Beschäftigten und alle Betriebe, und ist in erster Linie ein Angebot an den Mitarbeiter. Wenn es einen Betriebs- oder Personalrat gibt, muss dieser am BEM beteiligt werden. D.h. auch für den rechtlichen Hintergrund: Der Mitarbeiter kann die Teilnahme ablehnen bzw. jederzeit abbrechen, ohne dass für ihn (Anmerkung aus praktischer Erfahrung in einem Führungskräfte-Seminar eines Großunternehmens: theoretisch) Nachteile entstehen.[11]

Wie lautet das Ziel des Programms?

Arbeitsunfähigkeit überwinden, erneute Krankheit vorbeugen und den Arbeitsplatz des Betroffenen erhalten.

---

[9] http://www.betriebliche-eingliederung.de (zuletzt aufgerufen am 17.03.2012)

[10] http://www.arbeitsratgeber.com/betriebliches-eingliederungsmanagement-bem-0384.html (zuletzt aufgerufen am 17.03.2012

[11] s.o.

Was kann so ein Programm in der Praxis beinhalten?
U.a. können Medizinische Beratung, Schulungen, Teilnahme an einer Selbsthilfegruppe, Umorganisation der Arbeitszeiten oder des Arbeitsplatzes dazu gehören.

Die Realität: In einer Zeit der Arbeitsplatzunsicherheit trauen sich viele Arbeitnehmer nicht mehr, sich für längere Zeit krankschreiben zu lassen oder gar zur Reha zu gehen – auch wenn der behandelnde Arzt dafür sehr klar plädiert. Die Erfahrung einiger Betroffener, die nach ihrer mehrwöchigen Reha im Unternehmen – natürlich mit anderer Begründung – gekündigt wurden, möchte ich hier auch nicht verschweigen.

Das BEM – eigentlich ein Programm zum Vorteil der Arbeitnehmer – wird darüber hinaus in manchen Betrieben dazu genutzt, in den einzelnen Gesprächen auf die Arbeitnehmer, die bereits länger krank sind bzw. waren, Druck auszuüben (leider kenne ich Gespräche im Führungskreis eines größeren Unternehmens, die sich um dieses Thema drehten). Darüber hinaus wird das BEM in Klein- und Mittelunternehmen des Öfteren sehr lax gehandhabt, u.a. durch Unkenntnis. So existieren die Ängste der Mitarbeiter teilweise sicherlich zu Recht.

Trotz allem möchte ich Mut machen:
Besprechen Sie bereits während Ihrer Krankschreibung mit Ihrem behandelnden Arzt, wie und ob Sie gegebenenfalls aufgrund Ihrer Krankheit berufliche Veränderungen anstreben sollten bzw. ob an Ihrem Arbeitsplatz Veränderungen notwendig sind (teilweise ist dies bei orthopädischen Beschwerden ja oft wichtig, aber auch schnell machbar). Vereinbaren Sie mit ihm, wie Sie im Unternehmen vorgehen sollen. Und gehen Sie das BEM offensiv an. Verstecken Sie sich nicht, lassen Sie sich jedoch auch nicht unter Druck setzen. Ihr Arzt behandelt Ihre Krankheit, nicht Ihr Arbeitgeber. Zeigen

Sie jedoch auch, dass Sie selbst an der Bewältigung Ihrer Krankheit arbeiten – und seien Sie offen für konstruktive Vorschläge. Blocken Sie nicht ab. Die Tatsache, dass Sie leider (schwer) krank waren bzw. sind, besteht. Gleichzeitig besteht jedoch auch Ihr Recht, dass sich Ihr Arbeitgeber mit Ihnen gemeinsam Gedanken macht, wie und ob Ihr Arbeitsplatz verändert werden kann, damit in Zukunft weitere längere Krankschreibungen verhindert werden können.

Wiedereingliederung in der Orthopädie: Das "Danner-Modell"

Das "Danner-Modell" wurde nach dem Orthopäden Horst Danner von der Reha-Klinik Hamburg benannt und hat im Vergleich zum herkömmlichen "Hamburger Modell" folgende Struktur:

Der Versicherte geht in einer Woche drei Tage voll zur Arbeit und an zwei Tagen zur ambulanten Reha. Zum Beispiel montags, mittwochs und freitags Arbeit im Betrieb, dienstags und donnerstags Rehabilitation. Im Lauf von drei Wochen sollte der Patient nach Danner dann wieder voll arbeitsfähig sein. Dieses Modell kann wiederum nur funktionieren, wenn sich Reha-Klinik oder Reha-Ambulanz in Wohnortnähe befinden, und der Patient bereits soweit genesen ist, um volle Arbeitstage leisten zu können.[12]

MDK – Wer steckt dahinter?

"MDK" steht für "Medizinischer Dienst der Krankenversicherung" und stellt eine von allen Krankenkassen gemeinsam getragene Arbeitsgemeinschaft dar. Der MDK ist eine eigenständige, also unabhängige, Körperschaft des Öffentlichen Rechts.

---

[12] Conradt, Max: Beruf und Gesundheitstraining im täglichen Wechsel auf: http://www.welt.de/wams_print/article952313/Beruf_und_Gesundheitstraining_im_taeglichen_Wechsel.html, 17.06.2007 (zuletzt aufgerufen am 17.03.2012)

Der MDK arbeitet im Auftrag der einzelnen Kranken- und Pflegekassen, stellt bei Bedarf Berichte und Gutachten aus, nimmt Untersuchungen vor und gibt Empfehlungen. Oft kommt der MDK ins Spiel, wenn Leistungen von Patienten angefordert werden bzw. wenn eine längere Arbeitsunfähigkeit vorliegt. Einladung bzw. Untersuchungstermine beim MDK erhalten Sie zum Beispiel bei längerer Arbeitsunfähigkeit, aber auch bei Fragen der Pflegeversicherung. In der Regel erhalten Sie die Einladung von Ihrer Krankenkasse. [13]

Ganz wichtig ist:

- Die Entscheidung über eine Leistung liegt bei den Kranken- und Pflegekassen.
- Auch greifen die Gutachterinnen und Gutachter des MDK nicht in die ärztliche Behandlung oder pflegerische Versorgung ein.
- Sie können von den Kranken- und Pflegekassen Einsicht in die MDK-Gutachten bzw. eine Kopie der Gutachten, auf deren Basis eine Entscheidung gefällt wurde, anfordern. Dies ist auf jeden Fall sinnvoll, wenn Sie Widerspruch einlegen wollen.

Und ein Tipp: Der MDK hat auch eine eigene Website, auf der er einiges erklärt, und auch Formulare bzw. Richtlinien zum Download zur Verfügung stellt: www.mdk.de

Krankengeld und Aussteuerung

Dem Begriff "Aussteuerung" werden Sie wahrscheinlich erst begegnen, wenn Sie schon über eine längere Zeit krankgeschrieben sind, Ihr Krankengeld ausläuft, und eine Besserung der Krankheit nicht vorauszusehen ist.

[13] http://www.mdk.de/317.htm (zuletzt aufgerufen am 17.03.2012)

Von den Krankenkassen aus wird folgender Vorgang als "Aussteuerung" bezeichnet: Das Auslaufen der Zahlung von Krankengeld durch die Krankenkasse bzw. das Ende der Mitgliedschaft in der gesetzlichen Krankenversicherung.[14]

Sofern Sie in der gesetzlichen Krankenversicherung versichert sind, können Sie davon ausgehen, dass Ihr Krankengeld für eine Zeit von maximal 78 Wochen für die gleiche Krankheit bzw. dieselbe Diagnose innerhalb eines Zeitraums von drei Jahren bezahlt wird.[15] Im Zweifel fragen Sie bei Ihrer Krankenkasse noch einmal nach.

Bevor diese Frist von 78 Wochen ablaufen sollte, wird Ihre Krankenkasse Sie mindestens drei Monate vorab informieren, dass Sie "ausgesteuert" werden. In diesem Informationsschreiben von der Krankenkasse wird auch auf die weiteren Schritte hingewiesen, die notwendig sind, um weiterhin abgesichert zu bleiben.

Weitere Infos finden Sie u.a. hier:
http://www.sozialblog.com/blog/2008/03/aussteuerung-und-wie-geht-es-w.html
http://www.sozialblog.com/blog/2008/02/aussteuerung-der-erste-schritt.html
http://www.sozialblog.com/blog/2008/02/aussteuerung-und-was-mache-ich.html

Sozialverbände

Ich selbst kenne zwei Sozialverbände, die u.a. kostenlose Rechtsberatung anbieten, und ansonsten auch ihre Mitglieder in Einzelfragen, u.a. bei

[14] http://www.betanet.de/betanet/soziales_recht/Krankengeld---Keine-Zahlung-1289.html (Punkt 6; zuletzt aufgerufen am 17.03.2012)
[15] s.o.

Renten- oder Reha-Verfahren, beraten. Die Webadressen der beiden Verbände lauten:

http://www.sovd.de/sozialverband_deutschland.0.html

http://www.vdk.de

Teilweise Erwerbsminderungsrente (EM-Rente)

Eine teilweise Erwerbsminderungsrente wird gezahlt, wenn ein Arbeitnehmer aus gesundheitlichen Gründen nur drei bis sechs Stunden einem Beruf nachgehen kann.

Teilweise erwerbsgemindert sind Personen, die aus gesundheitlichen Gründen dem Arbeitsmarkt mindestens drei und höchstens sechs Stunden zur Verfügung stehen können. Grundlage zur Einschätzung der Leistungsfähigkeit ist ein übliches Arbeitsverhältnis im Rahmen einer Fünf-Tage-Woche auf dem allgemeinen Arbeitsmarkt.

Die Höhe der Rente wird von dem Rentenversicherer errechnet. Sie beträgt die Hälfte der vollen Erwerbsminderungsrente. Zusätzlich kann eine gewisse Summe noch hinzuverdient werden. Dieser Betrag wird ebenfalls von dem Rentenversicherer bestimmt.

Übrigens wird auch die Arbeitsmarktlage beim Antragsverfahren beachtet. Ist der Antragsteller bei seiner eingeschränkten Leistungsfähigkeit von drei bis sechs Stunden arbeitslos, gilt der Teilarbeitsmarkt als „verschlossen" und der Antragsteller kann eine volle Erwerbsminderungsrente (EM-Rente) erhalten. Dies wird ebenfalls auf dem Rentenbescheid vermerkt.[16]

---

[16] Rolf Winkel: „Zu krank um zu arbeiten" auf http://www.sueddeutsche.de/karriere/erwerbsminderungsrente-zu-krank-um-zu-arbeiten-1.499144 (zuletzt aufgerufen am 17.03.2012), www.fibromyalgie-treffpunkt.de (Mitgliederforum; zuletzt aufgerufen am 17.03.2012), http://www.wegweiser-berufsunfaehigkeitsversicherung.de/artikel/id/3 (zuletzt aufgerufen am 17.03.2012)

Volle Erwerbsminderungsrente (EM-Rente)

Als voll erwerbsgemindert gelten Personen, die auf Grund ihrer gesundheitlichen Einschränkung dem allgemeinen Arbeitsmarkt weniger als drei Stunden zur Verfügung stehen. Personen, deren Arbeitsfähigkeit wegen der gesundheitlichen Einschränkung unter drei Stunden liegt, können die volle Erwerbsminderungsrente (EM-Rente) beantragen. Bemessungsgrundlage ist das Leistungsvermögen auf dem allgemeinen Arbeitsmarkt. Die Rente wird gewährt, wenn sowohl die Anspruchsvoraussetzungen (Anwartschaftszeiten etc.) erfüllt sind als auch die Begutachtung des Rentenversicherers eine dauerhafte Erwerbsunfähigkeit des Antragstellers ergeben hat. Die volle EM-Rente wird in der Regel befristet gewährt. Sie ist höher als die teilweise Erwerbsminderungsrente und dient dazu, den Lebensunterhalt des Versicherten in vollem Umfang zu decken. Aktuell darf zusätzlich ein pauschales Einkommen von derzeit 345 Euro pro Monat dazu verdient werden.[17]

Wiedereingliederung – Fragen und Antworten

Kommentare

Ich finde, dass das Wiedereingliederungskonzept leider immer noch nicht genug beachtet wird. Zudem ist teilweise auch nur unzureichendes Wissen bei Arbeitgebern und -nehmern vorhanden. Vielleicht ist dies auch ein Grund, warum dieses wichtige und sinnige Instrument oftmals unberücksichtigt bleibt.

Ich möchte daher noch einige kurze Anmerkungen einbringen, die aus Arbeitgebersicht relevant sein können.

1. es besteht während der Wiedereingliederung keinerlei Gehaltsanspruch. Dies schließt auch Zulagen oder Zuschläge mit ein, da weiterhin eine Arbeitsunfähigkeit vorliegt.

---

[17] s.o.

2. zwischen Arbeitgeber und Arbeitnehmer wird ein eigenständiger Vertrag zur stufenweisen Wiedereingliederung geschlossen.

3. die Wiedereingliederung kann von jeder Partei zu jeder Zeit beendet werden.

4. die Wiedereingliederung muss an dem Arbeitsplatz erfolgen, an dem nach der Arbeitsunfähigkeit die Beschäftigung fortgeführt werden soll.

5. die tägliche Arbeitszeit beträgt in der Anfangsphase normalerweise mindestens drei Stunden, Blockzeiten sind möglich.

6. eine elektronische Zeiterfassung wird innerhalb der Wiedereingliederung im Normalfall nicht vorgenommen.[18]

7. (Rest-)Urlaubs- oder Gleitzeitanträge können erst nach Ablauf von mindestens zwei vollzeitig geleisteten Arbeitswochen nach der Wiedereingliederung genehmigt werden.[19] Urlaub während der Wiedereingliederung ist aufgrund der bestehenden Arbeitsunfähigkeit nicht möglich.[20]

Rückantwort: Hallo, danke für die Ergänzungen!! Zu dem folgenden Punkt habe ich noch etwas:

"3. die Wiedereingliederung kann von jeder Partei zu jeder Zeit beendet werden"

Wichtig für das Verständnis des Wiedereingliederungsprogramms: Der Eingliederungsvertrag muss nicht nur von Arbeitgeber und -nehmer unterschrieben werden. Sowohl der behandelnde Arzt, der als Mediziner die Eingliederungs-Bedingungen vorgibt als auch die Krankenkasse, die in der Zeit der Wiedereingliederung die Finanzierung durch Krankengeld

---

[18] http://www.arbeitsrecht.org/arbeitnehmer/bewerbung-einstellung/schritt-fuer-schritt-zurueck-in-die-arbeitswelt (zuletzt aufgerufen am 18.03.2012)

[19] u.a. http://www2.igmetall.de/homepages/zwickau/file_uploads/informationenzurstufenweisenwiedereingliederungwe.pdf (zuletzt aufgerufen am 18.03.2012)

[20] http://www.arbeitsrecht.org/arbeitnehmer/krankheit/blog-news/wiedereingliederung-nach-arbeitsunfaehigkeit (zuletzt aufgerufen am 18.03.2012); Stein, Günter: Wiedereingliederung nach psychischer Krankheit, auf: BWR-media.de vom 23.09.2011 bzw. http://www.bwr-media.de/personal-arbeitsrecht/741_wiedereingliederung-nach-psychischer-krankheit (zuletzt aufgerufen am 17.03.2012)

übernimmt, sind Vertragspartner! Und so können sowohl Arzt als auch Krankenkasse das Wiedereingliederungsprogramm aus triftigen Gründen beenden. Vor allem der behandelnde Arzt spielt hierbei eine entscheidende Rolle! Dies betone ich, da mir ein befreundeter Arzt von einem Fall berichtete: Patient beginnt Hamburger Modell, Erkrankung wird wieder schlimmer, Arzt (also er) zieht ihn raus. Patient bekommt daraufhin einen Anruf von seiner gesetzlichen Krankenkasse und wird "zur Sau" gemacht. Er dürfe das Programm nicht einfach so beenden, sein Arzt hätte da sowieso kein Recht (Anmerkung: Was beides nicht stimmt; das Wiedereingliederungsprogramm ist eine freiwillige Angelegenheit!). Patient brach mehr oder weniger zusammen, Arzt klärte dann alles in einem etwas schärferen Ton mit der Krankenkasse.

Nachtrag: Das Verhalten der Krankenkasse war unangebracht. Erstens hätte die Krankenkasse das Problem mit dem behandelnden Arzt regeln können, zweitens war sie nicht im Recht. Ich will dies nicht weiter kommentieren, jedoch wieder einmal darauf hinweisen, dass man bzw. frau als Patient schnell „zwischen die Räder" kommen kann. Daher sollte sich jede/r gut informieren über notwendige Maßnahmen, und im Streitfall seinen bzw. ihren behandelnden Arzt mit hinzuziehen. Dieser hat auch die notwendige fachliche Distanz, die einem Patienten (zu Recht) fehlt in solchen Auseinandersetzungen – betrifft es doch ihn selbst.

Fall 1: Wiedereingliederung in Kleinbetrieben

Kommentar: Das Modell ist ja schön und gut. Wir sind aber nur ein kleiner Betrieb mit drei Leuten. Die Kollegin, die das Modell machen will, hatte vorher eine volle Stelle. Jetzt müssen wir ihre Arbeit mitmachen und schleppen uns zur Arbeit, obwohl wir auch krank waren. Dann kippt der nächste bald um.

Antwort: Das ist natürlich ein Nachteil! Nur sehen Sie die Ursache in dem Wiedereingliederungsprogramm. Was nicht ganz stimmt. Denn letztlich ist der Nachteil für Sie alle die Krankheit. Und diese ist nun mal Fakt. Wenn Ihre Kollegin weiterhin voll krankgeschrieben wäre, und nicht an dem Wiedereingliederungsprogramm teilnehmen würde, hätten Sie ja noch mehr zu tun, oder?

Ganz gesundgeschrieben kann sie ja nicht werden, da sie noch krank ist. Aber mit Hilfe des Wiedereingliederungsprogramms kann Ihre Kollegin zumindest 20, 30, 40 bis hin zu 80 Prozent ihrer Stelle übernehmen, bis sie wieder voll arbeiten kann. Können Sie dies auch aus dem Blickwinkel sehen?

Ein Tipp: Gibt es denn die Möglichkeit, gemeinsam mit Ihrem Chef zu sprechen? Bei drei Mitarbeitern/-innen dürfte es da ja eventuell eine Gelegenheit ergeben, um dann gemeinsam zu schauen, ob man vielleicht über Zeitarbeit jemand hinzuholt. Kosten dürften kein Argument sein, denn: Ihre Kollegin bekommt während des Wiedereingliederungsprogramms kein Gehalt, sondern Krankengeld von der Krankenkasse. D.h. Ihr Chef spart zurzeit ein Gehalt, obwohl Ihre Kollegin aktuell für eine gewisse Zeit arbeitet, wenn auch (noch) nicht voll! Dies sollten Sie mit berücksichtigen.

Fall 2: Ist eine Wiedereingliederung als Praktikum denkbar?

Frage: Ich war drei Monate stationär in Behandlung und habe während dieser Zeit meinen Arbeitsplatz verloren, da mein befristeter Arbeitsvertrag auslief. Derzeit bin ich noch krankgeschrieben, und erhalte seit vier Monaten Krankengeld. Mittlerweile gelte ich als schwerwiegend chronisch krank, habe jedoch keinen Behinderungsgrad. Ich bin also von der Berufstätigkeit in die Arbeitsunfähigkeit übergegangen und würde nun mit Ende meiner Krankschreibung arbeitslos sein. Nun hatte ich die Idee, mittels des Hamburger Modells ein Praktikum zu beginnen, das auch gleichzeitig notwendig ist, um mich für einen Studienplatz zu bewerben. Denn ich möchte nicht mehr in meinem erlernten Beruf tätig sein. Des Weiteren denke ich, dass mich wohl kein Arbeitgeber einstellen wird, wenn ich den Einstieg mittels des Hamburger Modells machen will. Meine Frage: Genehmigt die Krankenkasse ein Praktikum mittels Hamburger Modell (dieses gilt als Voraussetzung für ein angestrebtes Studium)?

Antwort: Das Hamburger Modell ist – soweit ich weiß – leider nur für den bisherigen Arbeitsplatz bzw. für die bisherige Tätigkeit gedacht. Ich bin jedoch selbst weder Sozialarbeiter noch Jurist, aber in Deiner Situation finde ich einige Fragen entscheidend:

a) Inwieweit ist Dein alter Beruf noch mit der neuen Tätigkeit/Praktikum vereinbar? Möchtest Du etwas völlig Neues machen oder gibt es noch "verwandte Seiten"?

b) Wann kannst Du gesundgeschrieben werden, um eventuell ein Praktikum zu beginnen bzw. Dich dafür zu bewerben? Wie sieht Dein behandelnder Arzt die Angelegenheit?

Da es bei Dir anscheinend um eine eher langfristige Neuorientierung gehen wird, denke ich, dass nicht die Krankenkasse, sondern drei andere Ansprechpartner wichtig für Dich sind:

a) Dein behandelnder Arzt: Denn er wird entscheiden, wann Du wieder arbeitsfähig sein wirst.

b) Wenn Du gesundgeschrieben werden kannst, um ein Praktikum und später ein Studium zu beginnen, dann wird das Arbeitsamt für Dich als relevanter Ansprechpartner wichtig sein. Hier stellt sich natürlich die Frage, ob Du Anspruch auf Arbeitslosengeld hast.

c) Wenn Du weiterhin krankgeschrieben wirst, und Du trotzdem schauen möchtest, wohin es beruflich gehen kann bzw. ob eine berufliche Neuorientierung jetzt schon sinnvoll ist, dann wird die Rentenversicherung ein entscheidender Ansprechpartner sein.

Sorry, dass ich nur allgemeine Angaben machen konnte. Dafür sind Deine Fragen doch zu individuell. Sinnvoll ist es sicherlich, vor allem erst einmal mit Deinen behandelnden Ärzten zu sprechen – um dann die nächsten Schritte planen und angehen zu können.

Fall 3: Ist die Eingliederung nur bei meinem alten Arbeitgeber möglich?
Frage: Meine Krankenkasse lehnt die Eingliederung bei mir ab, weil ich nicht mehr bei meinem bisherigen Arbeitgeber angestellt bin. Ist dies in Ordnung? Was machen denn Selbständige oder Arbeitslose, die länger krank waren?

Antwort: Hier eine Info, die ich zu diesem Thema gefunden habe:
Soll die Krankenversicherung der Kostenträger sein, müssen folgende Voraussetzungen erfüllt sein:
Es besteht noch Anspruch auf Krankengeld bzw. es liegt noch Arbeitsunfähigkeit vor für die Dauer der Wiedereingliederungsmaßnahme.
Der Versicherte ist mit der Maßnahme einverstanden.
Der Arzt stellt einen Wiedereingliederungsplan auf.
Der Arbeitgeber erklärt sich mit der Maßnahme einverstanden.
Der Versicherte wird am bisherigen Arbeitsplatz eingesetzt.

2.2. Andere Kostenträger
Bei allen anderen Kostenträgern müssen folgende Voraussetzungen erfüllt sein:
Arbeitsunfähigkeit.
Ärztliche Feststellung, dass die bisherige Tätigkeit wenigstens teilweise wieder verrichtet werden kann.

Medizinische Reha Maßnahme, bei der festgestellt wurde, dass eine Stufenweise Wiedereingliederung notwendig ist.[21]

Ich kann mir – ehrlich gesagt – nur wenige Arbeitgeber vorstellen, die bereit wären, eine/-n neue/-n Mitarbeiter/-in einzustellen, der/die noch einige Wochen im Wiedereingliederungsprogramm krankgeschrieben ist.

Vielleicht gibt es ja Ausnahmeregelungen, aber grundsätzlich ist vorgesehen, dass die Wiedereingliederung beim bisherigen Arbeitgeber und am bisherigen Arbeitsplatz durchlaufen wird. Zu dem Thema habe ich auch leider keine anderslautenden Quellen gefunden.

Bzgl. Selbständigkeit: Hier gibt es grundsätzlich die Möglichkeit einer Wiedereingliederung, zumindest wenn die Rentenversicherung die Wiedereingliederungsmaßnahme trägt. Gleiches gilt für Auszubildende. Ich kenne auch persönlich ein Beispiel (selbständige Bekannte), bei dem die Krankenkasse das Krankengeld bezahlte, bis die Person wieder voll arbeitsfähig war. Wie dies konkret abläuft, kann ich Dir jedoch leider nicht sagen. Aber ein Hausarzt bzw. die Krankenversicherung weiß hier bestimmt Bescheid. Jedoch gilt auch hier: Die Selbständigkeit müsste wahrscheinlich vorher schon gegeben sein. Denn es geht ja um eine "Wieder-"Eingliederung in Deine alte Tätigkeit, oder?

Aufgrund Deiner Beschreibung kann ich Dir leider keine zufriedenstellende Antwort geben, sondern nur noch mehr fragen: Welchen "Status" hast Du zurzeit? Bist Du arbeitslos? ALG 1 oder Hartz 4? Bist Du aktuell noch krankgeschrieben? Und ja, wie lange? Warst Du bereits in einer Reha-Maßnahme? Was sagt Dein Arzt? Wer brachte das Wiedereingliederungs-

---

[21] http://www.betanet.de/betanet/soziales_recht/Stufenweise-Wiedereingliederung-465.html (zuletzt aufgerufen am 18.03.2012)

programm in die Diskussion? Auf Basis der Antworten sollte dann nämlich klar sein, welches Amt/welche Behörde (evtl. Arbeitsamt?) für Dich zuständig ist, und mit wem Du das weitere Vorgehen besprechen solltest. Ich hoffe, dass all das ein wenig weiterhilft. Leider ist es doch ziemlich komplex!

Fall 4: Kann die Eingliederung auch später begonnen werden?

Ich hatte Ende April eine Not-Operation mit anschließender REHA. Ich habe mich danach fit gefühlt, und im August wieder angefangen zu arbeiten. Letztlich wird mir jetzt aber klar, dass dies viel zu früh war. Ich bin noch nicht richtig einsatzfähig. Mein Chef und meine Kollegen haben das Nachsehen, weil sie einen Teil meiner Arbeit übernehmen müssen. Zudem habe ich seit ein paar Wochen weitere gesundheitliche Beschwerden, die noch mit der Operation zusammenhängen. Daher muss ich gerade ziemlich viele Arzttermine wahrnehmen, oder früher nach Hause gehen. Mittlerweile gab es schon ein Mitarbeitergespräch, in dem klar gemacht wurde, dass dies auf Dauer – natürlich – nicht möglich sei. Am besten wäre für mich und den Arbeitgeber ein Modell, das mir eine langsame Wiedereingliederung ermöglicht, und dem Arbeitgeber die Möglichkeit gibt, für mich eine Vertretung einzustellen. Was mache ich nun? Gibt es die Möglichkeit einer nachträglichen Wiedereingliederung? Oder muss ich erst wieder krankgeschrieben werden? Mein Arbeitgeber steht hinter mir. Er möchte mich auch behalten. Aber es muss eine Lösung her! Welche Möglichkeiten habe ich?

Antwort: Grundsätzlich bist Du während einer Wiedereingliederung krankgeschrieben. Und grundsätzlich steht eine Wiedereingliederung "nur" nach längerer Krankschreibung bzw. Reha an, d.h. sinnvoll wäre diese wahrscheinlich im August gewesen. Aber das hilft Dir nun auch nicht weiter. Übrigens können dringende und wichtige Arzttermine auch während der Arbeitszeit wahrgenommen werden. Jedoch schreibst Du nicht, um wie viel

Zeit es sich in der Woche handelt. Darum ist es schwer, von außerhalb zu beurteilen, ob wirklich eine andere Lösung notwendig ist. Wenn es Dir jedoch so schlecht geht, dass Du öfters früher gehen musst, solltest Du sowieso darüber nachdenken, ob eine erneute Krankschreibung und "zuhause bleiben" erst einmal nicht doch gut wäre. Aber das weißt Du sicherlich. Und es ist ja auch gut, wenn Ihr gemeinsam nach einer anderen, besseren Lösung für beide Seiten sucht. Mein dringender Rat: Rede mit Deinem Arzt, vielleicht kann er auch mit der Krankenkasse sprechen – denn letztlich wird diese ansonsten nachfragen. Denn sicherlich gibt es in Ausnahmefällen und bei Komplikationen (die bei Dir ja eindeutig aufgekommen sind) die Möglichkeit, Dich erst einmal krank zu schreiben, bis es Dir wieder ein wenig besser geht, und dann eine Art Wiedereingliederungsprogramm anzuschließen. Aber wie gesagt: Der behandelnde Arzt wird hier eine wichtige Rolle spielen. Klasse ist jedoch, dass Dein Arbeitgeber – soweit Du schreibst – Dich unterstützt.

Fall 5: Ist eine Wiedereingliederung beim neuen Arbeitgeber machbar?

Frage: Ich bin jetzt seit neun Monaten krank, und war auch für zwölf Wochen in stationärer Behandlung. Nach sechs Wochen Krankheit im Juli letzten Jahres hat mein alter Arbeitgeber gekündigt, während ich im Krankenhaus war. Jetzt habe ich endlich einen neuen Arbeitgeber gefunden (gleicher Beruf/Tätigkeit), der mich auch wiedereingliedern würde. Der Arzt hat den Antrag unterschrieben, der Arbeitgeber auch. Jetzt stellt sich jedoch die Krankenkasse quer und meint, dass sie dafür nicht zuständig sei. Sie zahlt mir meine Wiedereingliederung nicht. Ich bekomme noch Krankengeld und habe auch noch kein Arbeitslosengeld oder dergleichen bekommen. Kann das sein? Ich müsste am Montag schon mit der Arbeit beginnen, und heute hat die Krankenkasse mir das erst mitgeteilt. Ich weiß jetzt überhaupt nicht weiter.

Antwort: Das ist hart – vor allem weil Sie jetzt erst die Information erhalten haben. Ich kann nur dringend raten, sich so schnell wie möglich mit

a) Ihrem Arzt

b) der Unabhängigen Patientenberatung

c) eventuell mit einem Anwalt

in Verbindung zu setzen.

Und Sie müssen natürlich noch Ihren Arbeitgeber informieren. Aber bitte sprechen Sie erst mit der Beratung und mit Ihrem Arzt. Es kann daran liegen, dass Sie bei einem neuen Arbeitgeber wieder eingegliedert werden wollen – und ein Wiedereingliederungsprogramm ist "eigentlich" nur beim alten Arbeitgeber vorgesehen.

Hier eine Passage, auf die sich die Krankenversicherung beziehen könnte:

Soll die Krankenversicherung der Kostenträger sein, müssen folgende Voraussetzungen erfüllt sein:

Es besteht noch Anspruch auf Krankengeld bzw. es liegt noch Arbeitsunfähigkeit vor für die Dauer der Wiedereingliederungsmaßnahme.

Der Versicherte ist mit der Maßnahme einverstanden.

Der Arzt stellt einen Wiedereingliederungsplan auf.

Der Arbeitgeber erklärt sich mit der Maßnahme einverstanden.

Der Versicherte wird am bisherigen Arbeitsplatz eingesetzt.

2.2. Andere Kostenträger

Bei allen anderen Kostenträgern müssen folgende Voraussetzungen erfüllt sein:

Arbeitsunfähigkeit.

Ärztliche Feststellung, dass die bisherige Tätigkeit wenigstens teilweise wieder verrichtet werden kann.

Medizinische Reha Maßnahme, bei der festgestellt wurde, dass eine Stufenweise Wiedereingliederung notwendig ist.[22]

Somit sind Sie ein Sonderfall – und oft werden diese erst einmal grundsätzlich abgelehnt. Das Blöde ist natürlich, dass die Krankenkasse solche Sonderfälle nicht von jetzt auf gleich entscheidet, der neue Arbeitgeber jedoch sicherlich nicht ewig warten wird.

Was ich mir überlegen würde (aber Achtung: Das ist nun jedoch wirklich eine sehr persönliche und laienhafte Überlegung, rein oberflächlich und aus der Ferne): Die Krankenkasse aus dem Spiel nehmen, sich gesundschreiben lassen, erst halbtags anfangen (dann eben Halbtagsgehalt) und dann, wenn es klappt, mehr Stunden... Wäre das eine Lösung? Das würde natürlich bedeuten, dass Ihr Arbeitgeber von Anfang an Gehalt bezahlen müsste, und Sie anfangs auf etwas Gehalt verzichten müssten... Aber Sie hätten den Ärger mit der Krankenkasse nicht! Oder Sie sprechen das Arbeitsamt an. Denn es gibt Ausnahmefälle, in denen das Wiedereingliederungsprogramm von der Arbeitsagentur übernommen wird. Vielleicht zählen Sie ja dazu.

Ich wünsche Ihnen auf jeden Fall bei den nervenaufreibenden Gesprächen professionelle und sachkundige Unterstützung und Ratschläge! Alles Gute!

Fall 6: Wiedereingliederung liegt vor der Reha!

Frage: Ich bin seit Juni krankgeschrieben wegen eines Unfalls. Eine Reha wurde nun auch bewilligt, allerdings bin ich bereits in einer Wiedereingliederungsmaßnahme. Also bei mir läuft es nicht wie normal: „Krank–Reha–Wiedereingliederung“, sondern „Krank–Wiedereingliederung–Reha“.

---

[22] http://www.betanet.de/betanet/soziales_recht/Stufenweise-Wiedereingliederung-465.html (zuletzt aufgerufen am 18.03.2012)

Die Reha ist mir wichtig, da meine Bewegung noch eingeschränkt ist, und ich so damit nicht leben möchte. Wie ist es denn nun geregelt? Momentan bekomme ich Krankengeld von der Krankenversicherung. Was ist nach meiner Wiedereingliederung? Bin ich dann wieder arbeitsfähig, und mein Arbeitgeber muss mich bezahlen? Bin ich weiter krankgeschrieben? Soll ich die Wiedereingliederung abbrechen? Oder wie läuft das Ganze?

Antwort: Hi, Dein Fall scheint nicht ganz unkompliziert sein – und einige Infos fehlen. Aber vielleicht helfen meine Bemerkungen und Tipps ein wenig weiter. Einige Fragen habe ich noch:

a) „Ich bin seit Juni krankgeschrieben, ich hatte einen Unfall“: War es ein Arbeitsunfall oder Privat?

b) Von wem wurde die Reha bewilligt? Von der Krankenkasse oder von der Rentenversicherung?

c) Ist die ambulante Reha ganztags oder "nur" ein paar Stunden am Tag?

Von der Beantwortung der Fragen hängt viel ab. Je nachdem, wie die Antworten ausfallen, wirst Du auch andere Entscheidungsmöglichkeiten haben. Kurz: Ich würde mit meinem Arzt reden, der kann Dir auf jeden Fall helfen.

Vielleicht grundsätzlich zur Beruhigung: Entweder bekommst Du während der Reha Geld von der Krankenkasse oder von der Rentenversicherung, je nachdem, wer der Träger ist und wie die Reha konzipiert ist. Einmal heißt es Krankengeld, einmal Übergangsgeld; vom Betrag her müsste es dasselbe sein (Ausnahmen gibt es jedoch z.B. bei Beamten).

Du bekommst mit Reha-Ende in der Regel einen Reha-Abschlussbericht, dort wird dann auch geschrieben, wie Du entlassen wirst bzw. es wird eine

Empfehlung gegeben, mit der Dein Arzt weiter arbeiten kann. D.h. heute kann theoretisch noch niemand sagen, wie es nach der Reha weitergeht.

Z.B. wurde ich nach einer Reha einmal *„...arbeitsunfähig mit Empfehlung sechs Monate Wiedereingliederungsprogramm.“* entlassen (dann bekommst Du wiederum Geld von einem der beiden Träger), andere ehemalige Mitpatienten wiederum galten direkt nach der Reha als arbeitsfähig (dann geht das normale Arbeitsverhältnis weiter). Das hängt vom Verlauf der Reha, von Deiner Genesung, von der Einschätzung der Ärzte, von Deinen Wünschen und Deiner Leistungsfähigkeit etc. ab. Grundsätzlich kann es auch sein, dass Du dann eine weitere Wiedereingliederung machst – oder dass Du gleich voll wieder einsteigst – oder dass Du nochmal voll krankgeschrieben wirst, oder, oder.

Ich weiß, dass es manchmal sehr unangenehm ist, nicht klar planen zu können, aber geh' erst einmal zu Deinem Arzt und besprich' mit ihm, was Du jetzt tun musst. Und ruf' die Krankenkasse an, diese kann Dich in den Bürokratie-Themen beraten. Aber vor allem schau', dass Du so schnell wie möglich die Reha beginnen kannst (manchmal sind die Wartezeiten da ja auch echt lang), damit es Dir bald wieder besser geht!

Rückantwort: Danke für die Infos! Mir war nur nicht so ganz klar, was nach der Wiedereingliederung passiert, ob man dann automatisch wieder arbeitsfähig ist oder nicht. Die Reha-Klinik versucht, mich direkt nach der Wiedereingliederung einzuplanen.

Fall 7: Ich beziehe Teil-EU-Rente. Habe ich Chance auf Eingliederung?

Frage: Seit zwei Jahren bin ich arbeitsunfähig erkrankt, ausgesteuert und ALG-I Bezieher. Nun wurde mir eine Teil-Rente (EU/ Erwerbsunfähigkeit) bewilligt – mit einem Restleistungsvermögen von drei bis unter sechs

Stunden. Mein Arbeitgeber will mir einen leidensgerechten Arbeitsplatz anbieten, auf meinem Wunsch mit vier Stunden täglich. Es wird ein neuer Arbeitsplatz mit neuem Umfeld sein, und ich möchte das gern mit einer stufenweisen Wiedereingliederung erproben. Die Krankenkasse zahlt jedoch nicht – wegen Aussteuerung. Die Agentur für Arbeit zahlt nicht – wegen Feststellung von Restleistungsvermögen. Der Rententräger zahlt ebenfalls nicht, aus demselben Grund. Da ich jedoch schon sehr lange aus dem Arbeitsprozess bin, und mich in Bezug auf mein Leistungsvermögen nicht einschätzen kann, wäre mir eine Wiedereingliederung sehr wichtig. Hat jemand eine Idee?

Antwort: Hallo, erst einmal klasse, dass der Arbeitgeber Dir eine Lösung angeboten hat. So etwas ist heutzutage leider nicht selbstverständlich. Herzlichen Glückwunsch!

Ein Wiedereingliederungsprogramm beginnt in der Regel mit drei bis vier Stunden täglich, weniger sind es nur in absoluten Ausnahmefällen. Und da wärst Du ja schon bei Deinem Halbtagsjob. Daher würde aus meiner Sicht ein Wiedereingliederungsprogramm wirklich nicht viel Sinn ergeben. Zudem erhältst Du ja bereits eine Teil-EU-Rente. Das heißt, dass Du finanziell mit Teil-EU-Rente und Halbtagsjob auch gut über die Runden kommen müsstest, oder? Wie wäre es denn, wenn Du mit Deinem Arbeitgeber vereinbarst, dass Du in der ersten Woche drei Stunden am Tag machst, und die fehlenden Stunden danach reinarbeitest? Gibt es vielleicht sogar Gleitzeitkonten? Dann könntest Du damit anfangen, Dich langsam zu steigern. Selbstverständlich sollte der Arbeitgeber jedoch einverstanden sein. Alles Gute auf jeden Fall!

Nachtrag: Hallo, was mir bei Deinem Beispiel noch einfiel: Machst Du denn noch laufend Therapie oder hast Du Betreuung oder ähnliches? Gibt es bei Euch Integrationsbeauftragte im Unternehmen? Oft gibt es da ja

Möglichkeiten zum offenen Gespräch, so dass eine gute Lösung für Dich gefunden werden kann, auch wenn ein Wiedereingliederungsprogramm rechtlich nicht machbar ist?!

Fall 8: Soll ich jetzt schon mit der Eingliederung beginnen?

Frage: Ich hatte zuhause einen schweren Unfall. Seit Ende Januar bekomme ich nun Krankengeld. Meine Hand kann ich noch nicht wieder richtig einsetzen (nur zu ungefähr 40 Prozent). Meine Frage: Sollte ich trotzdem schon mit einer Wiedereingliederung anfangen? Oder warte ich damit lieber noch? Denn ich muss momentan fast jeden Tag zur Ergotherapie. Zu meinem Arbeitsplatz noch eine Information: Ich arbeite zu sechzig Prozent am Schreibtisch, die restliche Zeit bin ich im Außendienst. Kann mir vielleicht jemand einen Tipp oder Rat dazu geben?

Antwort: Außendienst hört sich auf jeden Fall noch sehr schwierig an – auch im Wiedereingliederungsprogramm. Innendienst wäre eventuell schon möglich, oder?!? Letztlich entscheidet das aber Dein Arzt! Wie sieht dieser denn die aktuelle Situation? Ein gutes Vorankommen in der Ergotherapie!

Fall 9: Wie lange dauert eine Wiedereingliederung?

Frage: Guten Morgen zusammen, ich habe eine Frage zur "üblichen" Dauer einer Wiedereingliederungsmaßnahme (wenn es so etwas gibt). Ich bin wegen psychischer Probleme seit Anfang Januar (2011) krankgeschrieben. Einmal pro Woche gehe ich zur Therapie und alle paar Wochen zum Psychiater, zudem nehme ich Antidepressiva. Ich arbeite seit über zehn Jahren in meiner Firma. Der Job ist recht anstrengend. Meine Therapeutin empfiehlt mir eine stufenweise Wiedereingliederung in zwei Schritten: Zwei Monate vier Stunden, zwei Monate sechs Stunden, dann wieder Einstieg in die Vollzeit-Tätigkeit.

Nun habe ich gestern bei meiner Krankenkasse vorgefühlt. Die Beraterin hat sich furchtbar aufgeregt, und meinte, dass dies völlig unrealistisch sei. Laut ihr dauert ein Eingliederungsprogramm sechs Wochen, maximal und ganz selten acht Wochen. Eine längere Dauer könne sie nicht akzeptieren. Sie meinte, dass ein Krebskranker, der über längere Zeit zuhause war, eventuell Anspruch auf diese längere Wiedereingliederungsphase von vier Monaten hätte: *„Sie haben da keine Chance. Es heißt ja zeitnahe Wiedereingliederung!“*

Wie sind denn Ihre Erfahrungen? Was ist „normal“? Meine Therapeutin meinte im Übrigen, die von ihr empfohlene Dauer sei üblich?!? Ich vermute einfach, die Kasse sträubt sich immer ein bisschen. Aber ich fürchte, nach der oben geschilderten Reaktion habe ich keine große Chance, den Plan in der Form genehmigt zu bekommen, wie er von meiner Therapeutin empfohlen wurde.

Für mich erscheinen sechs bis acht Wochen aber sehr wenig, da sich meine Krankheit ja über viele Jahre in dieser Firma aufgebaut hat. Und ich bin realistisch genug, dass ich wirklich viel Zeit brauchen werde, um mein eigenes Arbeitsverhalten und Denken zu ändern. Und das muss ich ja, um nicht sehr schnell wieder in die alten Muster zu verfallen. Was kann ich tun?

Antwort: Das, was die Beraterin von der Krankenkasse zu Dir sagte, stimmt einfach nicht. Auch bei psychischen Krankheiten oder Störungen ist die Dauer des Wiedereingliederungsprogramms oftmals länger. Zumindest hatte ich vier und ein anderes Mal sogar sechs Monate vorgeschrieben bekommen von der Reha-Klinik. Ich kenne andere Mitpatienten, die in der Regel acht bis zwölf Wochen benötigten.

Mein Tipp: Lass' das von Deinen Ärzten/Therapeuten mit der Krankenkasse klären! Das heißt: Bitte am besten beide Fachleute darum, dieses Thema mit der Krankenkasse zu besprechen! Du brauchst Deine Kraft für die Arbeit, nicht für diesen ganzen Kostenk(r)ampf, der letztlich nur die kurzfristige Sichtweise beinhaltet – und wir Patienten werden oft sehr schnell mundtot gemacht, weil wir halt auch nicht so tief im Thema stecken...

Rückmeldung: Danke! Ich werde es nun über Arzt/Psychiater und Therapeuten versuchen, morgen geht's los. Ich hoffe, die können da mehr erreichen als ich Laie. Und wenn's am Schluss auch keine vier Monate sind, so sollte man sich doch hoffentlich irgendwo in der Mitte zwischen sechs Wochen und 16 Wochen einigen können... hoffe ich mal.

Fall 10: Wie lange muss ich vor der Eingliederung krank gewesen sein?

Frage: Wie lange muss man arbeitsunfähig geschrieben sein, bevor man eine Wiedereingliederung starten kann? Man liest immer nur von "lange". Konkret arbeite ich seit längerem in einem Teilzeit-Arbeitsverhältnis – aktuell aber auf Kosten meiner Gesundheit. Es gibt zudem eine fast vierjährige begleitende Krankheitsgeschichte mit sechs Krankenhausaufenthalten über mehrere Wochen. Aktuell bin ich gesundgeschrieben, merke jedoch, dass ich sehr erschöpft bin. Nun würde ich gern im Rahmen einer Wiedereingliederung reduziert arbeiten (10 Std./Woche), um wieder Kraft zu sammeln. Dies wird vom Arzt und Arbeitgeber auch gutgeheißen. Muss ich da zuerst "lange" (wie lange?) komplett arbeitsunfähig sein? Im §74 SGB V steht nichts von einem Vorlauf vor der Wiedereingliederung. Könnte ich denn sofort mit dem ersten Tag Arbeitsunfähigkeit mit einer Wiedereingliederung beginnen? Mein Arbeitgeber würde dem zustimmen. Müsste ich aber erst "lange" komplett ausfallen, hätte er ein Problem damit.

Antwort: Zu Deiner Frage habe ich leider keine weiteren Informationen vorliegen. Ich kann mir jedoch gut vorstellen, dass die Krankenkasse etwas dagegen hat, da sie dieses Wiedereingliederungsprogramm ja bezahlen müsste. Denn wenn die Arbeitsfähigkeit gefährdet wäre durch die vielen Krankenhausaufenthalte bzw. wenn Du auf Kosten Deiner Gesundheit arbeitest, dann würde die Krankenkasse zuerst auf eine Reha-Maßnahme verweisen – was dann ja wiederum die Rentenversicherung bezahlen müsste. Danach könnte dann ein Wiedereingliederungsprogramm stattfinden, aber auch hier müsste dann die Reha-Klinik/-Einrichtung die Empfehlung für ein Wiedereingliederungsprogramm geben. Manchmal gibt es auch berufsbegleitende Reha-Maßnahmen. Dies hängt jedoch davon ab, was bei Dir los ist. Es tut mir Leid, dass ich keine andere Info geben kann. Kennt sich denn Dein Arzt da konkreter aus?

Fall 11: Wer bezahlt das Krankengeld während der Eingliederung?

Erste Frage: Mein Mann ist seit circa sechs Monaten krankgeschrieben und hat in dieser Zeit von der Krankenkasse Geld erhalten. Jetzt ist er zu einer dreiwöchigen Reha-Kur. In dieser Zeit zahlt die Rentenversicherung, bedeutend weniger als Krankengeld. Jetzt meine Frage: Anschließend an die Reha-Kur soll er in einer Wiedereingliederungsmaßnahme wieder stundenweise anfangen zu arbeiten. Wer zahlt in dieser Wiedereingliederung das Geld, Krankenkasse oder Rentenversicherer? Muss der Betrieb einen Teil zuzahlen?

Erste Antwort: Sobald das Reha-Programm zu Ende ist, müsste Dein Mann wieder zu seinem Arzt gehen, um sich krankschreiben zu lassen und das Wiedereingliederungsprogramm zu besprechen. Denn grundsätzlich hat Dein Mann während der Wiedereingliederungszeit weiterhin den Status der Arbeitsunfähigkeit. Meistens wird die Wiedereingliederungsmaßnahme daher von der Krankenkasse oder von der Rentenversicherung getragen, abhängig davon, wann Dein Mann das Wiedereingliederungsprogramm beginnt. Manchmal bietet ein Arbeitgeber von sich aus an, während eines Wiedereingliederungsprogramms einen Teil des Entgeltes zusätzlich zu bezahlen – dies ist jedoch wirklich individuell zu sehen und nach meinen bisherigen Erfahrungen eher sehr selten. Ich hoffe, ein wenig weiterhelfen zu können – aber am wichtigsten ist erst einmal, dass Dein Mann gut aus der Reha entlassen werden kann, um die nächsten Schritte auch gesundheitlich in einem besseren Zustand machen zu können...

Zweite Frage: Wie es jetzt aussieht, wird mein Mann gleich nach der Reha-Maßnahme in die Wiedereingliederung geschickt. Er müsste also bereits am nächsten Tag anfangen. Der Arzt in der Reha wollte schon die Fax-Nummer seiner Firma. Mein Mann soll auch gleich einen Bogen unterschreiben für die Wiedereingliederung. Also wird das alles bereits von der Klinik veranlasst. Er würde dann direkt von der Reha-Maßnahme in die Wiedereingliederung wechseln. Wer zahlt dann? Rentenversicherung oder Krankenkasse? Das ist so konfus alles und macht einen total irre, weil es ja im Monat um viel Geld geht. Und bei der Wiedereingliederung kommen ja auch noch die Fahrtkosten zur Firma, und dann bekommt man womöglich noch weniger als Krankengeld.

Zweite Antwort: Erst einmal finde ich es klasse, dass die Reha-Klinik das Wiedereingliederungsprogramm mit der Firma Deines Mannes regelt. Dies ist nicht immer so, und ich kenne auch Fälle, in denen Arbeitnehmer mit ihrem Arbeitgeber stundenlang kämpfen mussten, um das Wiedereingliederungsprogramm überhaupt beginnen zu dürfen. Ich gehe davon aus, dass die Reha-Klinik dann auch gleich mit dem ambulanten Arzt Deines Mannes klärt, wie das Wiedereingliederungsprogramm laufen soll?!? Frag' ihn mal. Dies wäre m.E. wichtig, damit alle Beteiligten im Boot sitzen.

Da die Reha-Klinik ja so klasse vorsorgt, wäre es m.E. das Allerbeste und sehr wichtig, wenn Dein Mann noch vor Ort mit dem zuständigen Arzt oder der Sozialberatung spricht über das Geldthema, ganz individuell in seinem Fall. Denn dann ist er und bist Du vielleicht auch beruhigter.

Hier kann ich nur allgemeine Infos geben. Und die sehen so aus: In der Regel wird ein Wiedereingliederungsprogramm von der jeweiligen Krankenkasse oder der Rentenversicherung getragen, d.h. Dein Mann würde auf jeden Fall – und wie oben schon erwähnt – sein bisheriges Krankengeld oder Übergangsgeld erhalten. Welche Institution die Zahlung übernimmt, hängt nun von Beginn der Wiedereingliederung ab. Folgende Textpassage dürfte in diesem Zusammenhang für Euch wichtig sein: *"Findet eine Stufenweise Wiedereingliederung im unmittelbaren Anschluss (maximal 14 Tage) an Leistungen zur medizinischen Rehabilitation statt, dann wird das Übergangsgeld bis zu deren Ende gezahlt (§ 51 Abs. 5 SGB IX)."*[23] Auf der Website der Deutschen Rentenversicherung selbst wird wiederum eine Dauer von maximal vier Wochen genannt, innerhalb derer das Wiedereingliederungsprogramm begonnen werden muss, damit Übergangsgeld bezahlt wird. [24]

Ich gehe davon aus, dass die Grenzen fließend sind, und dass die Entscheidung zum Teil auch von den jeweiligen Sachbearbeitern abhängt (z.B. erhielt ich nach meinen Wiedereingliederungsprogrammen immer Krankengeld von der Krankenkasse, obwohl das Wiedereingliederungsprogramm zumindest einmal bereits in der Reha mit dem Arbeitgeber abgesprochen wurde. Aber ich wurde auch nach der Reha immer noch für

[23] http://www.betanet.de/betanet/soziales_recht/UEbergangsgeld-488.html (zuletzt aufgerufen am 18.03.2012)
[24] http://www.deutsche-rentenversicherung.de/cae/servlet/contentblob/55220/publicationFile/23161/G0830.pdf (zuletzt aufgerufen am 18.03.2012)

zwei Wochen von meinem Arzt krankgeschrieben, bevor das Wiedereingliederungsprogramm startete).

Für Deinen Mann wird es daher entscheidend sein, ob sein – nach der Reha behandelnder Arzt – ihn zuerst noch einmal krankschreibt oder ihn gleich am nächsten Tag in die Wiedereingliederung schickt. Also ist es m.E. noch wichtiger, dass Dein Mann vor Ort mit der Klinik noch alles regelt – auch eventuell in einem Telefonat mit dem ambulant behandelnden Arzt.

Wegen der Fahrtkosten während der Wiedereingliederung: Diese werden in der Regel vom Patienten selbst bezahlt, ähnlich wie alle anderen Ausgaben. Aber vielleicht gibt es hier ja eine Möglichkeit, den Arbeitgeber anzusprechen – da weiß Dein Mann sicherlich am besten, wie er diesen einzuschätzen hat! Bei allem: Bitte konzentriert Euch nicht nur das Geldthema – sondern auf die Gesundheit! Denn wenn Dein Mann so schnell in die Wiedereingliederung starten kann, dann wird das Programm sicherlich nicht so lange dauern.

Hat Dein Mann da schon eine Einschätzung bekommen bzw. hat er bereits nachgefragt? Übrigens: In Hinblick auf die Berechnung des Übergangsgeldes findest Du in dem oben genannten link (www.betanet.de) weitere wichtige Infos! Was mich anhand der dortigen Berechnung verwundert, dass das Übergangsgeld Deines Mannes so viel niedriger sein soll als das Krankengeld. Bist Du Dir wirklich sicher, dass dies so ist? Wie viel Prozent des Einkommens bezahlt denn die Krankenkasse? Nochmals alles Gute!

Fall 12: Wer bezahlt meine Wiedereingliederung in der ersten Woche?

Frage: Ich bin seit vier Wochen krankgeschrieben. Es geht mir schon viel besser, allerdings bin ich gesundheitlich noch nicht so weit, um meine Arbeit wieder aufzunehmen. Aus diesem Grund hat der Arzt mich noch eine weitere Woche krankgeschrieben (die fünfte Woche), und möchte beim nächsten

Termin mit mir über eine Wiedereingliederung sprechen. Ich habe hier gelesen, dass die Krankenkasse während der Wiedereingliederung Krankengeld bezahlt. Aber gesetzlich bekommt man während der ersten sechs Wochen einer Krankschreibung ja weiterhin sein volles Gehalt vom Arbeitgeber. Daher meine Frage: Sollte ich innerhalb dieser sechs Wochen (sprich ab Anfang der sechsten Woche) mit einer Wiedereingliederung anfangen? Und ist mein Arbeitgeber nicht verpflichtet, mir das volle Gehalt für diese erste Woche der Wiedereingliederung zu bezahlen? Mir geht es hier nicht um das Geld (ich will nur erfolgreich wieder in die Arbeit einsteigen). Es scheint mir nur unlogisch, wenn dies nicht der Fall ist – nach dem Motto: Sollte ich die sechste Woche voll krankgeschrieben bleiben, bekomme ich das volle Gehalt vom Arbeitgeber. Sollte ich aber in der sechsten Woche Teilzeit arbeiten (Wiedereingliederung), zahlt der Arbeitgeber nichts, dafür aber die Krankenkasse. Könnte jemand mich aufklären?

Antwort: Hallo, Sie sind in der Wiedereingliederung auch offiziell krankgeschrieben. D.h. in der sechsten Woche bekämen sie noch Gehalt vom Arbeitgeber. Danach kommt die Krankenkasse ins Spiel.

Fall 13: Wer übernimmt die Kosten nach 18 Monaten?

Frage: Mein Mann ist seit einem Jahr krankgeschrieben. Er war bisher in drei Krankenhäusern und einer sechswöchigen Reha. Er ist noch nicht arbeitsfähig, aber nun drängt die Krankenkasse. Daher "plant" er, ab November über das Hamburger Modell wieder in seinen Beruf zurück zu kehren. Wie ist das mit der Kostenübernahme? Läuft das Krankengeld nach 18 Monaten aus, oder wird es weiterhin bezahlt? Oder übernimmt dann die Rentenversicherung die Zahlung mit Übergangsgeld?

Antwort: Hallo, das ist eine Frage, bei der ich an Ihrer Stelle auf jeden Fall die Krankenkasse direkt kontaktieren würde. Normalerweise steht spätestens nach 1,5 Jahren (78 Wochen) Krankschreibung eine Aussteuerung aus der Krankenkasse an. D.h. es gäbe danach kein Krankengeld mehr. Bei weiterer Arbeitsunfähigkeit und der Nahtlosregelung steht dann der Gang zur Agentur für Arbeit an, wo bei bestehendem Anspruch ALG 1 bezahlt wird, auch wenn man weiterhin als arbeitsunfähig gilt. Eine Untersuchung durch einen Arzt der Agentur für Arbeit wird in der Regel dann jedoch zusätzlich stattfinden. Das ist der Normalfall!

Übergangsgeld durch die Rentenversicherung gibt es in der Regel nur während einer Reha-Maßnahme bzw. wenn sich das Wiedereingliederungsprogramm direkt an eine Reha-Maßnahme anschließt. Und ich gehe davon aus, dass das Wiedereingliederungsprogramm nicht als solche gilt bzw. dass dies hier nicht der Fall ist? Oder doch?

Da Teilnehmer eines Wiedereingliederungsprogramms ja krankgeschrieben sind, würde ich erst einmal davon ausgehen, dass der Fall ähnlich gelagert ist wie oben beschrieben (also nach 78 Wochen Aussteuerung, Meldung bei Agentur der Arbeit und bei Anspruch ALG 1).

Mein Tipp: Fragen! Bei der Krankenkasse, bei dem behandelnden Arzt/Therapeut, in den bisherigen Kliniken (gab es dort keine Sozialberatung?)... und überprüfen, inwieweit es nicht doch hilfreich wäre, das Wiedereingliederungsprogramm nach vorn zu schieben.

Fall 14: Wie wird mein Arbeitslosengeld berechnet?

Frage: Ich hatte Ende April 2010 einen Arbeitsunfall, durch den ich längere Zeit krankgeschrieben war. Also ließ ich auf Anraten des Arztes gleich noch eine Operation durchführen, die längst überfällig war. Die Krankenkasse bezahlt seit einiger Zeit Krankengeld. Zuvor hat die Berufsgenossenschaft die Kosten übernommen. Seit Februar befinde ich mich nun endlich in der

Wiedereingliederung. Aktuell arbeite ich fünf Stunden am Tag. Ich habe meine Arbeit vor dem Unfall geliebt. Nur habe ich im Moment das Problem, dass ich direkt von meinem Vorgesetzten gemobbt werde. Daher meine Frage: Wie würde das Arbeitsamt das Arbeitslosengeld berechnen, wenn ich während der Eingliederung gekündigt werde (mein Arbeitgeber würde mich kündigen)? Das letzte Gehalt oder das Krankengeld? Muss ich die Wiedereingliederung beenden vor einer Kündigung durch den Arbeitgeber und wieder voll arbeiten (momentan ist jedoch kaum Arbeit da, und ich käme nicht auf meine Sollstunden bei normaler Arbeit)? Ich weiß nicht, was ich tun soll.

Antwort: Soweit ich weiß, wird das Arbeitslosengeld errechnet, indem Du Dein Gehalt bzw. Einkommen aus den letzten zwölf Monaten nachweist (Krankengeld zählt nicht dazu!). Daraus erfolgt der Schnitt. So war es auf jeden Fall bei mir. Bei mir wurde die Krankengeld-Zeit z.B. nicht mit berücksichtigt. Aber um ganz sicher zu sein, würde ich mich mit dem Arbeitsamt vorab in Verbindung setzen und um einen Beratungstermin bitten. Oder was ich noch besser fände: Einen Anwalt für Arbeitsrecht befragen. Denn ich finde es mehr als schlimm, was Dir gerade passiert. Und vielleicht gibt es da auch andere Möglichkeiten als sich sofort kündigen lassen. Es gibt auch die Möglichkeit, sich zu wehren – indem man ganz klar aufzeigt, dass man gemobbt wird, dass man unter diesen Umständen das Wiedereingliederungsprogramm nicht mehr weitermachen kann. Eventuell steht dann zum Schluss auch das Ende dieses Jobs, aber vielleicht erhältst Du noch eine Abfindung oder ähnliches? Denn es kann doch nicht immer der "Mobber" gewinnen, oder? Kennst Du folgende Anlaufstelle? Vielleicht können die Dir ja auch eine realistische Einschätzung geben? Siehe hier: http://www.mobbing-zentrale.de/

Also: Wenn Du Dich wehren magst – dann bitte mit Hilfe und Unterstützung. Denk' daran, Du darfst Dich wehren und Du darfst auch Hilfe in Anspruch nehmen. Grundsätzlich bräuchtest Du jedoch einen Anwalt und auch eventuell die Unterstützung eines Facharztes, der bescheinigt, dass es Dir wegen des Mobbings schlecht geht.

Zudem hast Du die Möglichkeit, selbst zu kündigen, wenn es aus ärztlichen/krankheitsbedingten Gründen keine Möglichkeit mehr gibt, diesen Job weiterzumachen. Mobbing zählt u.a. dazu. Diesen Schritt ging ich damals, als meine Krankheit immer schlimmer wurde und ich aus dem Arbeitsleben einfach raus musste. Ein aussagekräftiges Attest meiner damaligen Neurologin reichte aus, um beim Arbeitsamt keine Sperre für das Arbeitslosengeld zu erhalten.

Rückmeldung: 2009 hatten wir noch Kurzarbeit im Betrieb. Dann arbeitete ich 2010 vier Monate Vollzeit, bis ich den Unfall hatte. Das heißt: Wenn das Arbeitsamt die letzten zwölf Monate vor dem Unfall berücksichtigt, wäre die Kurzarbeit mit enthalten, oder? Ich hab‘ übrigens ein super Verhältnis zu meinem Chef. Eine Abfindung will ich gar nicht anstreben. Wie gesagt, ich habe die Arbeit sehr gern gemacht. Nur mein Vorgesetzter hat gerade Angst, dass ich die Zeitarbeiterin vertreibe, die seit meiner Krankheit da ist... und was daraus noch alles werden kann... daran mag ich gar nicht denken. Die Sticheleien reichen mir auch so schon. Außerdem stichelt die Zeitarbeiterin schon mit! Na ja, mal abwarten.

Das mit dem Neurologen wäre für mich gar kein Problem. Er meinte, ich hätte eine schwere Depression, als ich letztes Mal bei ihm war. Aber das ist nicht so! Ich denke, dass es normal ist, nach so langer Krankheit traurig zu sein, und manchmal die Tränen nicht mehr zurückhalten zu können. Eigentlich wollte ich ja wieder okay sein, damit ich endlich wieder arbeiten darf! Ich werde am Dienstag nochmals mit meinem Arzt reden, und morgen gleich mal beim Arbeitsamt anrufen. Der Anwalt ist mir momentan zu teuer.

Weitere Antwort: Bitte bedenke, dass Deine Gesundheit erst einmal das Wichtigste ist – und dass dann erst einmal alles andere kommt. Wichtig finde ich auf jeden Fall bei all den doch sehr komplizierten Rahmenbedingungen, dass Du mit dem Arbeitsamt sprichst, nicht nur am Telefon, sondern in einem direkten Beratungsgespräch. Wie das mit Kurzarbeit gehandhabt wird bei der Berechnung des Arbeitslosengeldes, weiß ich leider nicht.

Wegen Depression: Es gibt auch exogene Depressionen, d.h. Depressionen, die entstehen aufgrund externer Ereignisse (schwere Krankheit, Tod Angehöriger, Verlust Arbeitsplatz, Unfall, Schmerzen etc.); diese können behandelt werden! Und es ist kein Makel! Vielleicht nur als Gedankenansatz, falls Dein Neurologe das Thema wieder aufwirft. Es wird schon etwas dran sein. Und auch wenn ich vielleicht nerve: Ich finde, Du solltest Dich noch einmal mit jemanden, der sich im Arbeitsrecht auskennt, unterhalten. Sei es durch eine ehrenamtliche Organisation (siehe die Website von oben), sei es das Arbeitsamt oder der VDK. Denn mir kommt das alles nicht so ganz koscher vor. Ich würde mich nicht so schnell kündigen lassen... kann jedoch auch akzeptieren, wenn Du Dich dafür entscheiden solltest.

Fall 15: Keine Institution will die Eingliederung bezahlen!

Frage: Vor circa einem Jahr wurde mein Bekannter operiert. Danach ging er in Reha, bevor er die Wiedereingliederung begann. Diese wurde jedoch nach zwei Tagen vom Werksarzt wieder unterbrochen. Nun startet der zweite Wiedereingliederungsversuch. Zuerst sprach der Arzt von drei Monaten, der Arbeitgeber möchte das Programm aber auf sechs Monate verlängern. Das große Problem: Keiner zahlt. Mein Bekannter hängt finanziell völlig in der Luft. Der Arbeitgeber ist ja raus aus der Nummer. Die Krankenkasse erklärt, dass das Arbeitsamt übernehmen müsse. Das Arbeitsamt fühlt sich nicht zuständig. Als Laie ist man da ja total aufgeschmissen.

Antwort: Um die Situation Deines Bekannten beurteilen zu können, bräuchte man schon mehr Infos. Ich fasse mal zusammen, was ich verstanden habe: Dein Bekannter ist seit längerer Zeit krankgeschrieben. Hier stellt sich dann die Frage, wie lange er bereits krankgeschrieben ist – über 78 Wochen oder noch unter 78 Wochen? Grundsätzlich ist es so, dass innerhalb dieser 78 Wochen die Krankenkasse weiterhin Krankengeld bezahlt. Falls Dein Bekannter jedoch bereits länger als 1,5 Jahren (78 Wochen) wegen derselben Sache krankgeschrieben war bzw. ist, müsste er sich aussteuern lassen, also ALG 1, wenn er Anspruch darauf hat. Oder ALG 2, wenn er keinen Anspruch (mehr) auf ALG 1 mehr hat.

Zum Wiedereingliederungsprogramm kann ich nur so viel sagen: Die drei Monate von dem Arzt klingen sehr realistisch. Sechs Monate Wiedereingliederung werden wahrscheinlich weder Krankenkasse noch Arzt unterstützen. Kann es sein, dass der Arbeitgeber nur Geld sparen will, weil er in der Zeit kein Gehalt zahlen muss?

Rechnet doch bitte noch einmal nach, wie lange Dein Bekannter bereits in Krankenstand ist – und lasst Euch von der Krankenkasse nochmals detailliert und schriftlich erklären, warum sie der Meinung, ist, nicht zuständig zu sein. Und lasst Euch auch erklären, wer nach Meinung der Krankenkasse zuständig ist.

Zudem sollte Dein Bekannter unbedingt nochmals mit dem Arzt sprechen – denn der Arbeitgeber kann sich nicht gegen die Regeln stellen, die der behandelnde Arzt im Wiedereingliederungsprogramm aufstellt. Oder ist es der Werksarzt, der von sechs Monaten spricht? Normalerweise sind die Regeln, die der behandelnde Arzt aufstellt, bindend für alle Parteien.

Notfalls wendet Euch bitte an einen Anwalt, denn oft kann nur ein Rechtsexperte in so einem Fall helfen – und das sind wir hier ja nicht! Viel Glück und alles Gute!!!

Fall 16: Darf ich in der Eingliederung die Arbeitszeit selbst bestimmen?

Frage: Ich mache zurzeit auch das "Hamburger Modell", und habe mit zwei Stunden angefangen. Der Sozialdienst in der Reha hat mir gesagt, dass ich mir die Arbeitszeit aussuchen kann. Mein Arbeitgeber will dies natürlich nicht. Ich soll zudem wieder die Tätigkeit ausüben, die mich krank gemacht hat. Ist das rechtens?

Antwort: Dies ist schwierig zu beantworten. Ich selbst bin kein Jurist, kann nur Rat geben, meine eigene Meinung hier abgeben – und die Praxis ein wenig aufzeigen. Grundsätzlich stellt sich mir die Frage, mit welchem Ziel Dir Dein behandelnder Arzt/Klinik das Wiedereingliederungsprogramm empfohlen hat? Was habt Ihr denn konkret besprochen? Und wer hat mit Deinem Arbeitgeber den Wiedereingliederungsvertrag abgesprochen? Der behandelnde Arzt oder Du selbst? Vielleicht kannst Du von der behandelnden Seite ja noch ein wenig Rückendeckung bekommen, was die abzuleistende Arbeitszeit betrifft.

Ich bin überzeugt, dass der behandelnde Arzt bzw. die Klinik eine wichtige Schlüsselposition besitzt, um für Dich im Wiedereingliederungsprogramm die auf Dich und Deine Gesundung zugeschnittene Wiedereingliederung mit dem Arbeitgeber abzustimmen. Dein Arbeitgeber wird wahrscheinlich nur auf Deine Wünsche eingehen, wenn Dein behandelnder Arzt im Vertrag oder im Gespräch diese als medizinisch sinnvoll und notwendig formuliert/e. Wegen der Arbeitszeit ein konkreter Tipp: Theoretisch kannst Du Deinen Arzt bitten, dass er auf dem Formular für das Wiedereingliederungsprogramm noch einmal separat vermerkt, wann diese zwei Stunden zu leisten sind. Dann hat der Arbeitgeber das Recht, zuzustimmen und sich daran zu halten, oder eben zu sagen, dass dies nicht geht und somit das Wiedereingliederungsprogramm abzulehnen. Dein Arzt kann auch Empfehlungen bzw. Regelungen (z.B. nicht bücken, nicht schwer heben) bzgl. der Tätigkeit in dem Wiedereingliederungsprogramm vermerken. Wenn er dies jedoch nicht macht, dann kann ich auch Deinen Arbeitgeber verstehen, der hier die optimale Zeit für den Betrieb sucht. Warum ist es denn für Dich so wichtig, zu einer ganz bestimmten Zeit zu arbeiten?

Wegen der Arbeit, die Dein Arbeitgeber Dir in dem Wiedereingliederungsprogramm anbietet: Erst einmal ist es m.E. sein gutes Recht, Dir Deine alte Arbeit zuzuweisen – denn das Wiedereingliederungsprogramm ist ja erst einmal der Versuch, in Zukunft wieder voll arbeitsfähig zu sein – dort, wo frau vorher tätig war. Dass diese Arbeit Dich krank gemacht hat, hat nämlich erst einmal nichts mit dem Wiedereingliederungsprogramm zu tun. Wenn Du eine andere Tätigkeit benötigst, dann ist allein das Wiedereingliederungsprogramm sicherlich nicht der richtige Weg – hier müsstest Du dann wirklich noch einmal mit Deinem Arbeitgeber selbst sprechen. Gibt es bei Euch denn einen Betriebsrat oder jemanden in der Personalabteilung, mit dem Du dies besprechen könntest? Die grundsätzlich Frage stellt sich für mich jedoch immer wieder: Was willst Du?

Fall 17: Kann ich tageweise die Wiedereingliederung machen?

Frage: Hallo, ich benötige auch einmal einen Ratschlag. Ich war nach einer Operation einige Wochen krankgeschrieben und habe dann vier Tage gearbeitet auf Wunsch meines Arbeitgebers. Danach war ich wieder für ein paar Wochen krankgeschrieben. Nun arbeite ich auf Drängen meines Arbeitgebers wieder für einen Monat, werde aber bald für drei Wochen in eine ambulante REHA gehen. Ich fühle mich (50 % Schwerbehindert) jedoch noch nicht fit genug, um nach der REHA wieder voll zu arbeiten. Denn ich bemerkte während meiner Krankschreibung doch, wie erschöpft ich noch bin. Man könnte es auch Burn-Out nennen. Daher würde ich mir wünschen, die Woche folgendermaßen aufzuteilen: Drei Tage Arbeit und zwei Tage frei. Geht das? Kann ich zudem mit meinem Arbeitgeber absprechen, dass ich den Lohn für die Arbeitstage bekomme und das Krankengeld für die restlichen Tage?

Antwort: Aus meiner persönlichen Erfahrung muss ich sagen: Nein, das geht normalerweise nicht. Mein Arzt lehnte damals ab, dass ich nur an "ein paar Tagen" arbeite und ein bis zwei Tage ganz frei habe. Dies würde gegen den Ansatz der Integration sprechen. Wie die Rechtslage da genau aussieht, kann ich wiederum nicht sagen. Ich habe jedoch einen Link gefunden, der aufzeigt, dass es Ausnahmeregelungen geben kann, wenn z.B. wichtige Therapien und/oder Behandlungen an festen Wochentagen anstehen (vgl. auch das Danner-Modell).[25] Bzgl. Deiner anderen Frage (drei Tage Gehalt, zwei Tage Krankengeld) weiß ich, dass dies bei dem Hamburger Modell nicht vorgesehen ist. Während Du im Hamburger Modell arbeitest, bekommst Du grundsätzlich Krankengeld. Dein Arbeitgeber bezahlt in der Zeit nichts für Dich. Denn Du bist ja noch krankgeschrieben, auch wenn Du zeitweise – mit Billigung der Krankenkasse und des Arztes – arbeitest, um Dich wieder an Dein normales Arbeitspensum zu gewöhnen.

Bei Deiner angestrebten Lösung würde ich als Krankenkassen-Mitarbeiter schnell nachfragen – ich glaube auch nicht, dass Dein Arzt mitmachen würde. Aber wie gesagt, dies ist meine persönliche Meinung und Erfahrung.

---

[25] u.a. http://www2.igmetall.de/homepages/zwickau/file_uploads/informationenzurstufenweisenwiedereingliederungwe.pdf (zuletzt aufgerufen am 18.03.2012)

Ansonsten bleibt mir jedoch noch eines, was ganz wichtig ist: Gute Besserung!

Weitere Antwort: Nein, so geht das leider nicht. Das Hamburger Modell sieht, wie schon geschrieben, eine stufenweise Wiedereingliederung vor. Das heißt: Es muss aus medizinischer Sicht eine ausreichende Belastbarkeit des Betroffenen und eine günstige Aussicht auf berufliche Wiedereingliederung gegeben sein. In dieser Zeit bist Du aber ständig (also ohne Unterbrechung) arbeitsunfähig und beziehst Krankengeld. Dein Arbeitgeber zahlt nichts. In Deiner Variante würden sich Arbeitgeber und Krankenkasse das Entgelt teilen. Aber das funktioniert nicht. Allerdings kann beim Hamburger Modell die tägliche Arbeitszeit bereits bei einer Stunde liegen. Die Frage ist nur, ob sich der Arbeitgeber darauf einlassen kann.

Eine Alternative wäre Teilzeitarbeit. Der Arbeitgeber kann Dir Deinen Rechtsanspruch auf Teilzeitarbeit nur in sehr wenigen Situationen verweigern. Allerdings würde das für Dich natürlich eine finanzielle Einbuße bedeuten. Denn das Krankengeld fällt in dieser Variante weg, da Du ja arbeitsfähig wärst. Und Du würdest dann nur noch ein Entgelt für drei Tage pro Woche erhalten.

Fall 18: Darf ich während der Arbeitszeit zum Arzt?

Frage: Hallo, ich hoffe, dass Ihr mir helfen könnt. Seit ca. einem Jahr bin ich krank. Vor sechs Wochen habe ich das Hamburger Modell begonnen, und bin jetzt bei vier Stunden am Tag. Meine Frage: Wenn ich zwei Arzttermine an einem Tag habe und ich meine vier Stunden nicht erfüllen kann, ist das ein Problem gegenüber dem Arbeitgeber? Es ging leider nicht anders mit den Terminen!

Antwort: Ich würde schon schauen, dass es eine Ausnahme bleibt – d.h. die Arzttermine anders legen bzw. im Notfall verschieben. Denn letztlich muss Ihr Arbeitgeber ja bzgl. der Stundenanzahl auch planen können. Aber wenn es gerade nicht anders geht, und die Arzttermine wirklich dringend notwendig sind, würde ich Ihrem Chef das eben auch genauso sagen à la "Es ist eine Ausnahme aufgrund meiner gesundheitlichen Situation, normalerweise schaue ich ja, dass ich die Arzttermine anders legen kann..." Und eventuell die Zeit, die fehlt (wie viel ist es denn?) an den nächsten Tagen verteilt nacharbeiten, so dass Sie zum einen an Ihrer Heilung weiter arbeiten können, zum anderen aber auch zeigen können, das Sie das Interesse Ihres Arbeitgebers wahrnehmen. Damit sollte die Situation aber auch geklärt sein. Auf jeden Fall alles Gute!!!

Fall 19: Wie plane ich meine Arztbesuche?

Frage: Ich habe einige Verständnisprobleme: Wiedereingliederung bedeutet ja stufenweise Stundenerhöhung! In dieser Zeit sollen doch auch Arztbesuche durchgeführt werden, um abzuklären, ob alles in der gewünschten Richtung verläuft. Die Arztpraxis, zu der ich muss, hat jedoch nur vormittags geöffnet. Und ich habe einen sehr langen Anfahrtsweg (eine Stunde!) zur Arbeit. Und freitags wird bei uns nur bis 14 Uhr gearbeitet. Das lohnt sich dann ja gar nicht mehr, nach einem Arzttermin zur Arbeit zu kommen bei der Anfahrt. Aber wenn ich an dem Tag zuhause bliebe (Zustimmung des Arbeitgebers vorausgesetzt), müsste ich ja sechs Stunden rausarbeiten...

Antwort: Ich überprüfe mal, ob ich alles richtig verstanden habe. Wenn etwas falsch wiedergegeben ist, bitte verbessern:

a) Du bist in einem Wiedereingliederungsprogramm.

b) Dein Arzt, der dieses Programm befürwortet, also auch die notwendigen Formulare etc. ausfüllt, und schaut, wie es Dir geht, hat nur vormittags geöffnet.
c) Du fährst eine Stunde zur Arbeit.
d) Du fängst mit ca. 2-3 (?) Stunden an?!?

Nach meiner Einschätzung dürfte es keine großen Probleme geben. Denn

a) Du musst während des Wiedereingliederungsprogramms ja nicht täglich zum Arzt, sondern in der Regel nur alle ein, zwei oder drei Wochen (war bei mir zumindest so; mein Arzt wollte mich anfangs jede Woche, später alle zwei Wochen sehen).
b) Du kannst Deinen Arzt auch fragen, ob er nachmittags eventuell Bestellpraxis hat, und einen separaten Termin vereinbaren.
c) Wenn Du bei Deinem Arzt frühmorgens schon einen Termin hast, kannst Du auf jeden Fall Montag bis Donnerstag danach zu Deinem Arbeitgeber fahren, und trotzdem zumindest Deine vereinbarte Zeit abarbeiten (meist wird beim Wiedereingliederungsprogramm ja mit ca. zwei/ drei oder vier Stunden täglich angefangen, danach erhöht auf fünf bis sechs Stunden, dann wieder Vollzeit). Da sehe ich kein Problem.
d) Du musst einfach nur darauf Acht geben, dass Du Freitags(!) keinen Arzttermin hast. Aber das müsste ja möglich sein, oder?
e) Und wenn Du wieder Vollzeit arbeitest, also wieder gesund bist, wirst Du wie früher verfahren müssen: Arzttermin, später zu Arbeit kommen, und dafür die Zeit wieder nachholen...

Fall 20: Ist Urlaub während der Wiedereingliederung möglich?

Erste Frage: Ich will zwei Tage weg fahren. Aber ich bin zurzeit im Hamburger Modell integriert, arbeite aktuell vier Stunden täglich. Kann ich jetzt einfach frei machen, auch wenn ich offiziell noch krankgeschrieben bin? Denn Urlaub kann ich ja keinen beantragen, oder?

Zweite Frage: Mein Chef meint nach einem halben Jahr "Hamburger Modell", dass ich für diese Zeit keinen Urlaubsanspruch habe, und der alte Resturlaub verfallen würde. Was passiert denn mit den "frei genommenen Tagen" während des Hamburger Modells? Im Netz konnte ich nichts finden. Auch meine Krankenkasse ist ratlos und weiß nicht, wohin sie mich verweisen soll, um diese Frage beantwortet zu bekommen.

Erste Antwort: Das sind schon recht individuelle Themen. Ich habe die Fragen an einen Personaler weitergeleitet, vielleicht weiß dieser mehr. Aber soweit ich aus Erfahrung weiß, gibt es keine Möglichkeit, Urlaub zu nehmen während des Hamburger Modells. Denn letztlich ist man/frau ja krankgeschrieben. Und während einer Krankschreibung kann man keine Urlaubstage genehmigt bekommen vom Arbeitgeber. Den Anspruch auf die Urlaubstage hast Du trotzdem – denn diese fallen ja pro Beschäftigtenmonat an! Nach meiner Logik darf der Resturlaub daher auch nicht verfallen. Es sei denn, in Eurem Unternehmen besteht eine Frist, bis zu der der Resturlaub genommen werden muss – dann sind dies Ausnahmeentscheidungen, die natürlich vom Chef abhängen. Aber wie gesagt: Dies sagt meine Logik, bitte warte da noch ein anderes Statement ab. Ein Arbeitsrechtler wäre wahrscheinlich der richtige Ansprechpartner.

Zweite Antwort: Hallo, zunächst mal etwas Grundsätzliches zum Thema Urlaub und Krankheit. Neueste Europäische Rechtsprechung verbietet die in Deutschland bisher übliche Praxis, dass Urlaub, der wegen Krankheit nicht genommen werden konnte, ab einem bestimmten Termin verfällt. Konkret heißt das: Wenn ein Arbeitnehmer wegen einer lang anhaltenden Krankheit nicht fähig ist, innerhalb der gesetzlichen Fristen seinen Jahresurlaub zu nehmen, besteht der Urlaubsanspruch weiterhin. Unter Umständen über Jahre. Und zwar selbst dann, wenn der Arbeitnehmer krankheitsbedingt das Unternehmen verlässt, und den Urlaub nicht mehr nehmen kann. In diesem

Fall muss der Urlaub ausbezahlt werden. Du hast jedoch während des Hamburger Modells keinen Anspruch, Urlaub zu nehmen. Dein Arbeitgeber hat gleichzeitig auch keinen Anspruch auf eine Arbeitsleistung. Kannst Du mal einen Tag nicht arbeiten, weil es Dir zu schlecht geht, meldest Du Dich (mit ärztlicher Bescheinigung) krank. Aber Achtung: Bleibst Du mindestens sieben Tage während der Wiedereingliederung zu Hause, gilt diese als gescheitert.[26] Eine Ausnahme: Du bleibst z.B. wegen einer anderen – leichteren – Krankheit (z.B. Erkältung) von der Arbeit fern. Dann kann der Arbeitgeber einen Fortbestand der Wiedereingliederung anregen.

Fall 21: Was mache ich, wenn ich bereits Urlaub gebucht habe?

Frage: Hallo, ich bin seit Januar krankgeschrieben, und mache seit August ein Wiedereingliederungsprogramm. Am Anfang dachte ich, dass es ziemlich schnell gehen würde, und habe mit meinem Arbeitgeber vereinbart, dass ich im November eine Woche Urlaub nehmen kann. Ich stamme aus einem anderen EU-Land, und muss mich dringend um einige private Angelegenheiten kümmern. Jetzt dauert die Wiedereingliederung jedoch etwas länger. Aber ich habe schon einen Flug gebucht. Was soll ich tun?

Antwort: Das ist ein Problem. Einerseits bist Du arbeitsunfähig. Somit stehst Du Deinem Arbeitgeber nicht (im Sinne des Arbeitsrechts) voll zur Verfügung, und darfst damit aber auch keinen Urlaub nehmen. Andererseits bist Du zwar arbeitsunfähig, aber in der Wiedereingliederung. Wärst Du "nur" arbeitsunfähig, würde es ausreichen, wenn Dein Arzt bestätigt, dass die Reise Deiner Genesung nicht im Wege steht und Du könntest fliegen – vorausgesetzt, die Krankenkasse ist einverstanden! Du kannst in Deinem Fall aber auch nicht "einfach" von der Arbeit fern bleiben. Eine Unterbrechung von

[26] Informationen zum Wiedereingliederungsprogramm auf der Website der Deutschen Rentenversicherung, Download-Angebot der Informationsbroschüre; http://www.deutsche-rentenversicherung.de/cae/servlet/contentblob/55224/publicationFile/23162/G0832.pdf (zuletzt aufgerufen am 18.03.2012)

(mehr als) sieben Tagen würde die Wiedereingliederung nämlich sehr stark gefährden und unter Umständen aufheben. Ich denke, Du musst

1. mit Deinem Arzt ganz offen darüber reden, dass Du verreisen musst, und Du aber innerhalb von sechs Tagen wieder die Arbeit aufnehmen kannst. Wenn Dein Arzt sein OK gibt, dass die Reise medizinisch zu vertreten ist, musst Du

2. Deinen Arbeitgeber informieren und auch ihn überzeugen, dass er damit einverstanden ist. Wenn dieser einverstanden ist,

3. muss die Krankenkasse noch ihre Genehmigung geben (nicht nur wegen der Unterbrechung, sondern auch wegen des Auslandsaufenthalts).

Wenn dies nicht klappt, bleibt Dir nur die zweite Lösung: Den Flug verschieben! Viel Glück!

Fall 22: Ich will direkt nach der Tagesklinik die Eingliederung beginnen!

Frage: Hallo, ich bin seit März 2010 krankgeschrieben (psychische Gründe) und war im Juli/ August zur Reha. Aus der Reha wurde ich als arbeitsunfähig entlassen, mit dem Hinweis zu Hause eine Tagesklinik (TK) aufzusuchen. Mittlerweile habe ich eine Tagesklinik gefunden und werde dort auch bald aufgenommen. Zudem habe ich mit meinem Arbeitgeber bereits gesprochen, da ich meinen bisherigen Arbeitsplatz nicht mehr ausüben kann (dieser hat mich krank gemacht). Daraufhin hat mir mein Arbeitgeber eine neue Stelle angeboten, mit der ich auch einverstanden bin. Der Arbeitgeber ist auch schon informiert, dass ich mit dem Hamburger Modell wieder einsteigen möchte. Nun möchte mein Arbeitgeber jedoch, dass ich nach dem Aufenthalt in der Tagesklinik meinen vollen Urlaub 2010 – sechs Wochen – nehme, bevor ich mit dem Modell anfange! Geht das überhaupt? Ich habe große Angst, dass mich so ein langer Urlaub zurück wirft.

Erste Antwort: Theoretisch kann Dein Arbeitgeber Urlaub nur anordnen, wenn betriebliche Gründe dafür sprechen. Zum Beispiel bei Betriebsferien. Auch eine Ablehnung von Urlaub muss betriebsbedingt begründet werden, z.B. aufgrund von erhöhtem Auftragseingang, Unabkömmlichkeit des Mitarbeiters. Ansonsten hast Du die Entscheidung über Deinen Urlaub. Das ist die Theorie.

Gleichzeitig gibt es jedoch die Praxis: Den Wunsch Deines Arbeitgebers kann ich schon nachvollziehen. Während der Wiedereingliederung kannst Du nämlich keinen Urlaub nehmen. Das bedeutet: Wenn Du beispielsweise im November mit dem Hamburger Modell startest, und dieses bis ins Jahr 2011 läuft, kannst Du in 2011 sechs Wochen Urlaub aus 2010 plus sechs Wochen Urlaub aus 2011 – also insgesamt zwölf Wochen Urlaub – beanspruchen. Damit sieht Dich Dein Arbeitgeber gerade einmal acht Monate im neuen Jahr. Er wird sicherlich befürchten, dass Du dann schlechter am neuen Arbeitsplatz (den Du ja schon während der Wiedereingliederung stundenweise übernehmen wirst) eingeplant werden kannst. Nimmst Du Deinen vollen Urlaub für 2011 aber nicht, schiebst Du eine Bugwelle Urlaub in das übernächste Jahr, und das Ganze wird immer unüberschaubarer.

Persönlich würde ich es vielleicht auch als angenehm betrachten, nach der anstrengenden Phase der TK nochmals ein wenig abschalten zu können, um mich auf die nächste Phase einzustellen. Vielleicht könnt Ihr Euch ja auf zwei Wochen Urlaub einigen – und Du nimmst (schriftlich vereinbart) vier Wochen Urlaub mit in 2011. Eine schriftliche Absprache mit der Krankenkasse sollte dabei jedoch unbedingt erfolgen. Denn für die Urlaubsphase müsstest du ja gesundgeschrieben werden, um später für das Wiedereingliederungsprogramm wieder den AU-Status zu haben. Die Krankenkasse muss einem solchen Plan also unbedingt zustimmen. Denn letztlich ist sie ja einer der

Vertragspartner, wenn Du später Dein Wiedereingliederungsprogramm beginnen möchtest.

Zweite Antwort: Weiß denn dein Arbeitgeber, dass Du Angst hast, nach der Tagesklinik wieder ins Loch zu fallen, und daher recht schnell mit dem Wiedereingliederungsprogramm anfangen möchtest? Dies hat dann ja auch krankheitsbedingte Gründe, oder? Kannst Du darüber offen mit ihm reden? Dann wäre so eine Lösung mit ca. zwei bis drei Wochen Urlaub und zwischendurch mal reinschnuppern ("Hallo" sagen, mit Deinen Kollegen reden etc., damit Du etwas hast, worauf Du Dich freuen kannst), bevor die Wiedereingliederung wirklich beginnt, vielleicht eine Möglichkeit. Aber wie oben schon geschrieben: Vergiss' bitte nicht, Krankenkasse und Arzt mit ins Boot zu nehmen. Ansonsten gibt es eventuell doch noch Probleme mit Krankengeld oder Wiedereingliederung. Und das muss ja wirklich nicht sein!

Eine andere Möglichkeit, die es noch gibt (habe ich selbst mal gemacht, weil es mir lieber war), die jedoch aufgrund der Anspruchshaltung "Der Urlaub steht mir doch zu" oft gar nicht wahrgenommen wird: Du kannst selbstverständlich auch etwas Urlaub verfallen lassen. Ich persönlich finde so etwas gegen Ende des Jahres nicht schlimm, vor allem wenn mir Freizeit aktuell sogar Angst macht... Viel Glück auf jeden Fall!

Fall 23: Was soll ich mit meinem Urlaubsanspruch machen?

Frage: Hallo, ich habe auch eine Frage zum Hamburger Modell. Seit September 2009 bin ich krankgeschrieben. Im Januar 2011 möchte ich mit dem Hamburger Modell anfangen. Mein Arbeitgeber ist damit einverstanden. Aber er möchte, dass ich vorher meinen Urlaub von 2010 nehme. Wie ist das mit der Bezahlung? Eigentlich bin ich ja während dieser Zeit arbeitsunfähig und bekomme Krankengeld. Auch mein Arbeitgeber weiß da keinen Rat.

Antwort: Es ist „eigentlich" rechtlich nicht möglich, Urlaub während der Krankschreibung zu nehmen. D.h. entweder Du bist krankgeschrieben und arbeitest nicht, oder Du bist im Wiedereingliederungsprogramm.[27] Oder aber Du bist gesund und kannst Deine Urlaubstage von 2010 "verbraten". Nach meiner Meinung ist hier nur eine individuelle Lösung möglich: Entweder der Urlaub muss ins nächste Jahr geschoben werden. Oder Ihr findet eine unbürokratische Lösung. Oder Du lässt einen Teil des Urlaubs verfallen.

Ansonsten machbar ist eigentlich nur noch eine Lösung, die jedoch Dir nicht zum Nachteil werden darf: Dein Arbeitgeber setzt sich mit der Krankenkasse zusammen bzw. spricht sich mit ihr ab, erklärt ihr seine Wünsche, d.h. dass es ihm wichtig ist, dass Du Deinen Urlaub noch vor dem Wiedereingliederungsprogramm machst. Z.B. könnten Arbeitgeber und Krankenkasse dann ja absprechen, dass Du vor dem Wiedereingliederungsprogramm noch den Urlaub nimmst, in der Zeit jedoch gesundgeschrieben wirst und damit auch Gehalt bekommst. Aber diese Absprache sollte unbedingt schriftlich geregelt sein, damit die Krankenkasse später keinen Ärger macht, wenn das Eingliederungsprogramm beginnen soll. Ganz wichtig: Es darf wie bereits geschrieben, nicht zu Deinem Problem werden. Sorry, dass ich nicht mehr helfen kann, aber vielleicht hilft Dir das alles wenigstens ein bisschen weiter?

Fall 24: Während der Wiedereingliederung ist Betriebsurlaub!

Frage: Ich bin seit Ende März 2010 krankgeschrieben. Nun wollte ich Mitte Juni 2011 mit der Wiedereingliederung anfangen. Ich habe mir eigentlich vorgenommen, die Wiedereingliederung innerhalb von sechs Wochen durch zu ziehen, da wir ab Ende Juli 2011 Betriebsurlaub haben. Auf der Arbeit ist dann niemand. Was mache ich denn, wenn die Eingliederung doch länger als

[27] U.a. http://www.vdk.de/cms/mime/2037D1222414036.pdf (zuletzt aufgerufen am 18.03.2012)

sechs Wochen dauert? Übrigens habe ich bereits das O.K. von meinem Arzt. Mein Arbeitgeber und die Krankenkasse wissen Bescheid. Ich brauche nur noch das Formular von meinem Arzt und einen Termin beim Werksarzt. Und ich hoffe nur, dass alles so klappt, wie ich es mir gedacht habe. Weiß jemand Bescheid, wie das in meinem Fall laufen könnte mit dem Betriebsurlaub?

Antwort: Lass' Dir vorher von Deinem Arbeitgeber bestätigen, dass ab Ende Juli Betriebsurlaub ist, und dass in dieser Zeit sozusagen keine Möglichkeit gegeben ist, zu arbeiten. Dann lass' Dir von Deinem Arzt eine Bescheinigung ausstellen, in der er eine Schätzung über die Dauer des Wieder-Eingliederungsprogramm abgibt. Setz' Dich bitte danach mit Deiner Krankenkasse in Verbindung, wenn es hier zu Überschneidungen kommen sollte.

Ansonsten ein pragmatischer Tipp: Wenn es irgendwie möglich ist, mache das Wiedereingliederungsprogramm über die sechs Wochen, gönn' Dir danach den Erholungsurlaub und steige dann wieder voll ein.

Fall 25: Darf ich vor der Eingliederung noch Urlaub nehmen?

Frage: Hallo, wer kann mir weiterhelfen? Ich war 2010 für zwei Monate krankgeschrieben. Danach bin ich bis zur Reha auf eigenen Wunsch wieder arbeiten gegangen. Anfang 2011 war ich für acht Wochen in der Reha-Klinik und wurde als arbeitsunfähig entlassen. D.h. ich bin immer noch krankgeschrieben. Aber ich möchte gern wieder arbeiten gehen. Mein Arzt hat mir daher das Hamburger Modell vorgeschlagen. Nun meine Frage: Muss der Beginn des Hamburger Modells unmittelbar an meine Krankschreibung anknüpfen? Oder habe ich die Möglichkeit, vor Beginn der Wiedereingliederung noch meinen Jahresurlaub zu nehmen? Also: Krankgeschrieben mit Krankengeld, Gesundschreibung, dann Jahresurlaub mit Lohnzahlung des Arbeitgebers und danach Beginn des Hamburger Modells?

Antwort: Ich denke, die entscheidende Stelle wird Deine Krankenkasse sein. Normalerweise muss das Hamburger Modell nahtlos weiterlaufen nach der Krankschreibung – denn es dient ja letztlich genau dazu, Dich nach einer längeren Krankschreibung wieder ins Berufsleben zurückzubringen. Daher müsste es für Dich eine Ausnahmeregelung geben. Ob diese in Deinem Fall mit Deiner Krankenkasse möglich ist, weiß ich daher nicht.

Daher mein Tipp:
a) Entweder vorsichtig bei der Krankenkasse selbst nachhaken oder
b) Deinen Arzt anrufen lassen (dieser sollte dann aber auch noch eine triftige Begründung aus dem Ärmel schütteln, warum es genauso gehandhabt werden soll)
c) Mit Deinem Arbeitgeber das vereinbarte Prozedere absprechen

Auf jeden Fall würde ich es nicht einfach so "laufen lassen" ohne das O.K. der Krankenkasse. Das könnte schiefgehen. Viel Glück!

PS: Warum nicht erst Wiedereingliederung und dann in den Urlaub fahren, wenn Du gesund bist? Das geht doch auch. Dann baut Dir die Krankenkasse auch keine Hürden (denn bitte achte darauf, dass Du während einer Krankschreibung ja z.B. auch nicht ins Ausland darfst ohne Genehmigung der Krankenkasse etc.). Gibt es für Dich keinen anderen Weg?

Fall 26: Muss ich den Urlaub wegen der Eingliederung stornieren?

Frage: Hallo zusammen! Seit Februar ist mein Mann in der Klinik. Eine schreckliche Zeit, auch für mich. Nun meine Frage: Mein Mann wird voraussichtlich im Juni das "Hamburg Modell" starten. Wir haben für Ende

Juni jedoch bereits eine Flugreise fest gebucht. Soll ich mich um eine Stornierung kümmern, oder gibt es Hoffnung auf einen zweiwöchigen Urlaub während des Hamburg Modells? Der Urlaub dient doch auch der weiteren Genesung?! Danke für eine kurze Info!

Antwort: Grundsätzlich ist Urlaub während der Wiedereingliederung gesetzlich NICHT vorgesehen. Darüber hinaus darf sich Dein Mann während einer Krankschreibung (und das Wiedereingliederungsprogramm gehört ja nun mal dazu) nicht in ein anderes Land begeben ohne die Zustimmung der Krankenkasse. Besprich' das doch noch einmal mit Deinem Mann und auch mit dem behandelnden Arzt (bzw. Dein Mann soll dies am besten noch einmal mit ihm besprechen). Wenn das Wiedereingliederungsprogramm jedoch wirklich im Juni beginnt, sehe ich für den Urlaub schwarz. Eine Idee: Vielleicht könnt Ihr ja noch vor Beginn des Wiedereingliederungsprogramms ein wenig wegfahren – während der Krankschreibung geht das ja z.B. im Inland, sozusagen als Erholung – und Ruhe tut Deinem Mann sicherlich auch gut. Denn so ein Klinikaufenthalt bzw. Therapie ist ja auch „nicht ohne". Und sicherlich tut es Euch gut, nach einem langen Klinikaufenthalt wieder Zeit zu zweit zu haben. Und in Deutschland gibt es ja auch genügend schöne Orte, oder?

Fall 27: Der Arbeitgeber besteht auf ein persönliches Gespräch vorab!

Frage: Mein Mann soll noch in dieser Woche (laut seinem Arzt und der Krankenkasse) seine Wiedereingliederung mit vier Stunden täglich beginnen. Der Arbeitgeber hat jedoch bis heute seine Zustimmung verweigert. Er möchte vorher ein persönliches Gespräch. Was kann denn passieren, wenn der Arbeitgeber die Zustimmung verweigert? Hat hier jemand Informationen für mich?

Antwort: Grundsätzlich ist es mehr als nachvollziehbar, wenn der Arbeitgeber zunächst in einem persönlichen Gespräch nähere Informationen haben möchte. Dies ist legitim und durchaus im Interesse aller, zumal viele Arbeitgeber wenig über das Hamburger Modell wissen und oftmals nicht über eine gut besetzte Personalabteilung verfügen. Sicherlich ist man als Arbeitgeber zunächst etwas irritiert, wenn man lediglich die schriftliche Mitteilung erhält, "...dass der bisher kranke Mitarbeiter ab Mittwoch am Hamburger Modell teilnehmen wird...", ohne sich über Details, Pflichten und Möglichkeiten informiert zu fühlen. Zudem gibt es in einem Wiedereingliederungsprogramm ja auch einiges zu besprechen (Anzahl der Stunden, Einschränkungen, Arbeitsaufträge etc.). Deswegen würde ich den Wunsch des Arbeitgebers, sich noch einmal mit Deinem Mann vorab zu unterhalten, erst einmal nicht nur negativ bewerten.

Zu Deiner anderen Frage: Der Arbeitgeber muss dem Hamburger Modell grundsätzlich nicht zustimmen und kann es ohne Begründung auch ablehnen. Falls der Arbeitgeber jedoch ein Betriebliches Eingliederungsmanagement (BE) in seinem Unternehmen eingeführt hat, ist eine Ablehnung von seiner Seite schwieriger. Der Arbeitgeber muss in diesem Zusammenhang bei einer Ablehnung detailliert beweisen, dass eine Änderung des Arbeitsplatzes mit der Folge der Reduzierung der krankheitsbedingten Fehlzeiten nicht möglich ist.

Fall 28: Ich habe während der Wiedereingliederung einige Kranktage!

Frage: Ich bin seit Anfang des Jahres wegen psychischer Störungen krank(geschrieben). Ich habe eine Reha-Maßnahme hinter mir, und seit Oktober nehme ich an der Wiedereingliederung teil. Es ist ätzend! Die Krankengeldzahlung von Oktober habe ich bis heute nicht erhalten (der Kostenträger wartet auf den Entlassungsbericht von der Klinik). Mittlerweile habe ich dadurch auch finanzielle Probleme und Sorgen. Auf der Arbeit werde ich von einigen Kolleginnen einfach ignoriert. Der psychische Druck ist für mich also enorm. Da kommt es schon häufig vor, dass ich nachts nicht schlafen kann, und mich morgens mit starken Beschwerden quälen muss. Nun zu meiner Frage: Muss ich jedes Mal zu meinem Arzt gehen, um mir eine AU-Bescheinigung zu holen? Im Arbeitsvertrag steht, dass ich erst ab dem dritten Krankheitstag eine AU-Bescheinigung einreichen muss. Ab wann gilt ein Wiedereingliederungsprogramm denn als gescheitert?

Antwort: Das hört sich nicht gut an. Gleichzeitig wissen wir natürlich zu wenig, um konkret weitere Infos geben zu können. Daher meine Nachfrage: Wer ist denn der Kostenträger? Krankenkasse oder Rentenversicherung? Wegen des Geldes würde ich hier etwas "freundlich" Druck und deutlich machen, dass es für Dich mehr als kontraproduktiv ist, wenn zu dem Wiedereingliederungsprogramm noch finanzielle Sorgen kommen. Hier kannst Du Dich zur Not auch an Deinen Arzt wenden, und ihn vielleicht bitten, bei dem Kostenträger und der Reha-Klinik anzurufen – denn der Zustand ist natürlich unhaltbar.

Wegen des Betriebsklimas: Hier kann ich Dir nur Mut machen, mit Deinem Arbeitgeber/Vorgesetzten bzw. dem zuständigen Personalleiter (oder sogar Betriebsrat, falls vorhanden) zu sprechen. Wissen denn Arbeitgeber und Arzt, wie sehr Dir das Verhalten Deiner Kolleginnen zu schaffen macht? Denn es geht ja u.a. darum, die Probleme anzusprechen, um auch wieder längerfristig gut und gern dort zu arbeiten, oder? Dafür ist ein Wiedereingliederungsprogramm ja auch da, oder?

Die anderen Deiner Fragen sind wiederum recht individuell. Sicherlich gibt es auch hier Gesetzestexte, aber immer wieder hängt es von dem individuellen Fall ab. Wenn Du eine Grippe hast und für eine Woche zuhause bleiben musst, ist dies sicherlich etwas anderes, als wenn Du aufgrund der

Symptome der vorliegenden psychischen Störungen (der Grund für das Wiedereingliederungsprogramm, oder?) zuhause bleiben musst. Die herkömmlichen AU-Regeln (3. Tag) können zudem letztlich nicht mehr greifen, da Du während des Wiedereingliederungsprogramms ja sowieso schon in einem Sonderstatus bist, oder?

Meine ganz persönliche Meinung? Grundsätzlich musst Du das Wiedereingliederungsprogramm erfüllen. Die Arbeitsstunden sollen ja auch wieder kontinuierlich gesteigert werden. Wenn dies aus irgendeinem Grund, selbst an einem Tag, nicht möglich ist, würde ich an Deiner Stelle sofort zum Arzt gehen und mit ihm darüber sprechen bzw. eine AU-Bescheinigung ausstellen lassen. Und wenn dies öfter vorkommt (solange dauert ein Wiedereingliederungsprogramm ja nicht...), greift für mich das Gespräch mit dem Arbeitgeber. Denn der Arbeitgeber hat ja das Formular zur Wiedereingliederung mit unterschrieben, oder? Viel Glück!

Nachtrag: In den Kommentaren findet sich eine Aussage, die auch für Dich wichtig sein dürfte: *"Achtung: Bleibst Du mindestens 7 Tage während der Eingliederung zu Hause, gilt sie als gescheitert. Ausnahme: Du bleibst z.B. wegen einer Erkältung der Arbeit fern, dann kann der Arbeitgeber einen Fortbestand beim Träger anregen."* Das deckt sich mit dem, was ich persönlich oben schon schrieb. Und ehrlich? Je länger ich darüber nachdenke, möchte ich Dir dringend zu zwei Gesprächen raten:
a) mit dem Arzt,
b) mit Deinem Arbeitgeber/Chef.

Fall 29: Mein Arbeitgeber genehmigt meine Eingliederung nicht!

Frage: Ich bin seit sieben Monaten krankgeschrieben, und wollte eine Eingliederung machen. Diese hat mein Arbeitgeber nicht genehmigt. Aber einem anderen Kollegen hatte er das vor einen Jahr bewilligt. Ist sein

Verhalten korrekt? Ich empfinde es als diskriminierend, und fühle mich gemobbt. Was kann ich nun tun? Übrigens, ich bin seit fast zehn Jahren dort tätig.

Antwort: Hallo, nach meinen Informationen besteht kein Rechtsanspruch auf die Wiedereingliederung. Die Freiwilligkeit von beiden Seiten (Arbeitgeber und Arbeitnehmer) wird in Zusammenhang des Wiedereingliederungsprogramms immer wieder betont.[28] Dein Arbeitgeber muss für seine Ablehnung noch nicht einmal eine Begründung abliefern – es sei denn, Du bist schwerbehindert (GdB über 50 Prozent; hier gilt auch ein gewisser Rechtsanspruch).

Oder gibt es in Eurem Unternehmen ein Betriebliches Eingliederungsmanagement bzw. einen Betriebsrat? Deutsche Arbeitgeber sind nämlich aufgrund von § 84 Abs. 2 SGB IX bei allen Beschäftigten – also auch nicht schwerbehinderten Arbeitnehmern – gehalten, im Rahmen eines Betrieblichen Eingliederungsmanagements die Möglichkeit einer stufenweisen Wiedereingliederung sorgfältig zu prüfen und in seine Überlegungen zur Vermeidung weiterer Arbeitsunfähigkeit des Beschäftigten einzubeziehen. Eine Ablehnung der Wiedereingliederung ist in diesem Zusammenhang jedoch auch in Ausnahmefällen möglich (z.B. betriebsärztliche Gründe).[29] Es tut mir Leid, dass wir keine anderen Informationen geben können.

Fall 30: Mein Chef verlangt Mehr-Arbeit von mir!

Frage: Ich mache nach sechsmonatiger Krankheit eine stufenweise Wiedereingliederung von momentan vier Stunden am Tag. Das heißt: Ich

[28] http://www.talentplus.de/arbeitnehmer-bewerber/bestehende-arbeitsverhaeltnisse/Behindert_was_nun/Unterstuetzungsmassnahmen/Stufenweise_Wiedereingliederung/index.html (zuletzt aufgerufen am 18.03.2012)
[29] http://www.betriebliche-eingliederung.de/ca/j/dki (zuletzt aufgerufen am 18.03.2012)

arbeite von acht Uhr morgens bis zwei Uhr nachmittags. Ich habe allerdings in der letzten Woche bei einem Außendiensteinsatz einmal von acht Uhr morgens bis neun Uhr abends gearbeitet. Diese Überstunden wollte ich jetzt absetzen. Und da erklärte mir mein Chef, dass ich doch bei vier Stunden Wiedereingliederungszeit eigentlich noch eine halbe Stunde Pause mit rausarbeiten müsste. Sprich: Ich soll bis 12.30 Uhr arbeiten. Das fällt ihm allerdings erst jetzt ein, nachdem ich bereits seit fünf(!) Wochen jeden Tag vier Stunden gearbeitet habe. Kann mein Chef jetzt von mir verlangen, die "entgangene" Zeit nach zu arbeiten? Muss ich überhaupt die 30 Minuten-Pausen an meine Wiedereingliederungszeit von vier Stunden anhängen?

Antwort: Sie sollten mit Ihrem Arzt sprechen. Grundsätzlich ist es so,
a) dass vier Stunden Arbeit auch wirklich vier Stunden Arbeit bedeuten. Nicht mehr! Wenn Ihr Chef verlangt, eine halbe Stunde Pause "rauszuarbeiten", dann bedeutet dies auch, dass Sie in der Zeit von 8 h bis 12.30 h eine halbe Stunde Pause machen. Das sollten Sie mit Ihrem Arzt und Ihrem Chef besprechen. Aufgrund Ihrer Schilderungen gehe ich jedoch davon aus, dass Ihre Stundenzahl demnächst eventuell wieder gesteigert wird (ist oft nach vier bis sechs Wochen so üblich). Lassen Sie dann Ihren Arzt am besten in dem dafür vorgesehenen Formular eintragen, wie viel Arbeitszeit am Stück, und wie viel Pausen am Tag sinnvoll ist. Damit haben Sie die Formalitäten erfüllt, und Sie sind auf der sicheren Seite.

b) Was in dem Wiedereingliederungsprogramm nicht vorgesehen ist, und für Schwierigkeiten sorgen könnte, sind Ganztagsarbeitstage (Außendienst-Einsatz). Ihr Arzt hat nicht zu Unrecht zu einem Wiedereingliederungs-programm von aktuell vier Stunden geraten. Da sind solche „Ausnahme-Tage“ Gift; für Ihre Gesundheit, aber natürlich auch für Ihre Wahrnehmung im Betrieb. Denn fraglich ist für Ihren Chef damit ja vielleicht auch: Sind Sie krank? Oder packen Sie das gerade schon ganz "easy", und brauchen das

Wiedereingliederungsprogramm "eigentlich" nicht? Ich rate Ihnen daher eher davon ab, die zu viel gearbeitete Zeit absetzen zu wollen; aber stattdessen klarer das Wiedereingliederungsprogramm inklusive die vorgegebenen Stunden und Pausen (diese kann Ihr Arzt auch in das Formular immer wieder eintragen) einzuhalten bzw. Grenzen bei Überstunden zu setzen.

Fall 31: Mein Arbeitgeber will mich loswerden!

Frage: Ich bin über fünfzig Jahre alt und arbeite seit mehr als dreißig Jahren in einem Großunternehmen. Bereits seit fast zehn Jahren versucht man jedoch, mich loszuwerden (mehrfache Trennungsgespräche, Abfindungsangebote etc.). Nun muss man wissen, dass ich schon seit Längerem einen Schwerbehindertengrad von 70 Prozent habe. Sicherlich ist das der Hauptgrund für das Verhalten meines Arbeitgebers. Angesichts der Arbeitsmarktlage habe ich jedoch vieles ausgehalten, auch wenn ich regelmäßig gemobbt wurde. In den letzten Jahren und Monaten kamen noch einige weitere Krankheiten hinzu, und ich bin bereits seit längerer Zeit wieder krankgeschrieben. Aktuell läuft nun das Hamburger Modell mit vier Stunden am Tag (für einen Monat). Danach sechs Stunden am Tag für einen Monat. Laut Arzt ist der Zeitpunkt zur vollen Arbeitsfähigkeit derzeit jedoch noch nicht absehbar.

Zwischenzeitlich hat mein Arbeitgeber nun beim zuständigen Integrationsamt um Zustimmung zur ordentlichen Kündigung gebeten. Seine Argumentation: Unzumutbare Krankheiten. Bisher hat das Integrationsamt noch nicht reagiert. Mein Anwalt ist aber diesbezüglich auf der Hut.

Gleichzeitig will mich mein Arbeitgeber jetzt jedoch in eine völlig neue Position schieben, auf der ich vermutlich fachlich scheitern würde. Nun zu meiner Frage: Wer kennt so eine Situation bzw. wie sollte ich mich verhalten? Die Androhung der Kündigung ist vom Arbeitgeber zunächst zurückgezogen (auf Eis gelegt) worden – mit dem Hinweis auf erfolgreiche Re-Integration. Aber die Krankenkasse sitzt mir ja auch im Nacken (die wollen so schnell wie möglich aus der Leistungspflicht genommen werden).

Antwort: Ganz ehrlich? Achte auf Dich, lass‘ das Wiedereingliederungs-programm etwas länger laufen (also z.B. nicht nur für einen Monat vier Stunden), falls es Dir zu viel wird – und lass‘ Dich aber im Zweifelsfall wieder voll krankschreiben, wenn das Wiedereingliederungsprogramm zur Mobbing-Veranstaltung wird.

Ansonsten: Falls die Stelle für ein Wiedereingliederungsprogramm nicht geeignet ist, kannst Du natürlich da auch Widerspruch einlegen – aber ich bin mir nicht sicher, ob Du Deinem Arbeitgeber zwecks seiner Bestrebungen, Dich loszuwerden, nicht noch einen Gefallen tun würdest. Wichtig ist auf jeden Fall: Jeden Schritt mit Ärztin und Anwalt absprechen, gleichzeitig für Dich schauen, ob es nicht doch berufliche Alternativen geben könnte...

Ich weiß, dass diese Ratschläge sicherlich nicht motivieren. Gleichzeitig kann ich nur erahnen, wie viel an Versuchen in Deinem Unternehmen schon gestartet wurden, Dich herauszubekommen. Und dann würde ich an Deiner Stelle erst einmal darauf achten, dass Du nicht noch kränker wirst – auch wenn es irgendwann ein „Aus“ in diesem Unternehmen bedeuten würde.

Fall 32: Ich werde gemobbt!

Frage: Nach ca. einem Jahr Arbeitsunfähigkeit wegen Mobbing habe ich eine sechswöchige Reha in einer psychosomatischen Klinik absolviert. Dabei wurde ich weiterhin als arbeitsunfähig entlassen, weil bei einer Rückkehr am Arbeitsplatz eine Verschlechterung meines Gesundheitszustandes drohe. Auf Drängen der Krankenkasse willigte ich nun jedoch zu einer Wiedereingliederung ein, obwohl mir meine Bezugstherapeutin davon abriet.

Ich versuchte, im Vorfeld mit dem Betriebsarzt zu klären, welche Maßnahmen im betrieblichen Eingliederungsmanagement/ BEM getroffen werden. Aber es blieb bei einem Erstgespräch von zehn Minuten. Ein Konzept war nicht zu erkennen. Auch schaffte ich es nicht, mit meinem Vorgesetzten über die Wiedereingliederung zu sprechen. Einen Monat lang versuchte ich, einen Termin für das Gespräch über die Rückkehr zum Arbeitsplatz zu bekommen. Aber es wurde keiner gefunden. Und so habe ich mit schlechtem Vorgefühl die Wiedereingliederung angetreten (für vier Wochen vier Stunden am Tag; für zwei Wochen sechs Stunden am Tag; danach wieder Vollzeit). Das Programm ist relativ kurz, da direkt danach meine Aussteuerung durch die Krankenkasse anstehen würde.

Wie befürchtet, befinde ich mich nun räumlich an einem anderen Arbeitsplatz. Die Arbeitsbedingungen sind miserabel. Gleichzeitig verhinderte mein neuer Vorgesetzter von Anfang an einen Austausch mit anderen Fachkollegen. Durch die täglich neuen Arbeitsaufträge schaffte ich jedoch meine Arbeit nicht. Viele Aufträge bearbeitete ich in meiner Freizeit. Gesundheitlich ging es mir wieder schlechter, und mein Hausarzt schrieb mich deswegen für drei Tage krank. Ich bat zwar danach um ein Gespräch mit meinem Vorgesetzten, musste darauf jedoch wiederum eine Woche warten. In dem Gespräch selbst fühlte ich mich wie auf einer Anklagebank. Mir wurde ein Schreiben vom Arbeitgeber überreicht. In diesem steht, dass die Wiedereingliederungsmaßnahme gescheitert ist. Die Begründung ist hart. Letztlich stellt der Arbeitgeber meine Arbeitsleistungen und -fähigkeit in Frage. Er hat auch bereits die Krankenkasse benachrichtigt.

Mein Therapeut hat mich nach diesem Gespräch erst einmal wieder krankgeschrieben. Wie soll ich mich jetzt verhalten? Nachdem ich zudem herausgefunden habe, dass intern schon eine Stellenbesetzung auf meinen Arbeitsplatz existiert (diese soll auch demnächst angetreten werden), ist es noch aussichtsloser. Ich war so froh, diese Stelle nach einer Umstrukturierung zu bekommen (ich bin seit fast zwanzig Jahren im Unternehmen). Wohlweislich habe ich auf Anraten der Reha-Beraterin zwar einen Schwerbehindertenantrag gestellt, aber bisher noch keine Antwort erhalten. Aber wie kann ich mich weiterhin schützen, so dass ich nicht wieder in meine Depressionen verfalle? Medikamente nehme ich bereits.

Antwort: Deine Geschichte ist Wahnsinn – eine Riesensauerei, was Dein Arbeitgeber mit Dir macht. Das alles fällt ziemlich klar ins Arbeitsrecht, denn für mich ist es eindeutig Mobbing. Deswegen kann ich Dir nur empfehlen: Wehr' Dich!! Was ich ganz, ganz schnell tun würde: Einen Anwalt für Arbeitsrecht suchen, mit ihm das alles besprechen und die nächsten Schritte festlegen. Wenn es in Deinem Unternehmen einen Betriebsrat gibt, diesen informieren. Und noch wichtiger: Zu den Gesprächen mit den Chefs Zeugen (evtl. Betriebsrat?) mitnehmen. Die wollen Dich loswerden – vielleicht schaffst Du, dass sie Dich behalten müssen, vielleicht wirst Du gehen, aber wenn, dann soll es bitte nicht so leicht werden! Alles erdenklich Gute! Ich wäre froh, wenn wir Dir hier mehr helfen könnten, aber hier ist ein Arbeitsrechtler sicherlich die richtige Adresse! Und wende Dich an folgende Adresse (die stehen mit Rat und Tat zur Seite): http://www.mobbing-zentrale.de!

Fall 33: Einen Tag mehr gearbeitet – sofort Eintrag in der Personalakte!

Frage: Ich mache auch gerade ein Wiedereingliederungsprogramm, und bin aktuell bei sechs Stunden. Nun habe ich auf Anweisung der Firma an einem Lehrgang teilgenommen, der länger dauerte. Eigentlich wollte ich die Zeit, die darüber lag, an einem anderen Tag abbummeln. Aber jetzt habe ich einen Eintrag in meine Personalakte bekommen. Die Begründung lautet, dass ich mich einer Dienstanweisung widersetzt hätte, die besagte, ich dürfe nicht länger als diese sechs Stunden arbeiten. Ist so etwas möglich?

Antwort: Harte Nummer! Zum Verständnis noch eine Nachfrage: Sehe ich es richtig, dass Du aktuell im Wiedereingliederungsprogramm täglich nur sechs Stunden arbeiten sollst? Und dass Dein Engagement während des Lehrgangs dazu beigetragen hat, dass Du nun den Eintrag bekommst? Oder wurde dieser erst angekündigt, als Du um "Abbummeln" gebeten hast?

Wenn dem so ist: Ja, der Arbeitgeber kann das Wiedereingliederungsprogramm als "Dienstanweisung" bzw. "Absprache" zwischen Arbeitgeber und Arbeitnehmer bezeichnen. Und er kann auch so vorgehen, wenn er es unbedingt möchte bzw. befürchtet, dass Du so die Wiedereingliederung gefährdest, weil Du "...schon wieder zu viel arbeitest."

Grundsätzlich empfinde ich dieses Vorgehen jedoch eher als Schikane. Ein "normaler" bzw. Dir wohlgesonnener Arbeitgeber würde wahrscheinlich erst einmal nur ein Gespräch mit Dir führen und mit Dir klären, warum Du länger geblieben bist bzw. Dir noch einmal deutlich machen, dass dies nicht gewünscht ist und dass Ihr das ja vereinbart habt etc. ...

... wobei ich natürlich nicht weiß, wie Euer Verhältnis ansonsten ist, und warum Du krankgeschrieben bist. Sollte es z.B. Burnout sein, dann kann ich Deinen Arbeitgeber sogar verstehen. Bei anderen Krankheiten grenzt es jedoch an Mobbing!

Mein Tipp: Wenn Du das Geld und die Nerven haben solltest, geh' zum Betriebsrat oder zu einem Arbeitsrechtler, um Dich beraten zu lassen. Sprich' aber auf jeden Fall mit Deinem Arzt darüber.

Fall 34: Mein Arbeitgeber möchte ärztliche Informationen!

Frage: Ich habe seit mehreren Jahren Probleme mit meiner Gesundheit. Nachdem ich deswegen im vergangenen Jahr circa acht Wochen ausgefallen bin, bin ich aktuell schon wieder mehr als acht Wochen arbeitsunfähig. Auf Vorschlag meiner behandelnden Ärzte habe ich bei meinem Arbeitgeber nun einen Antrag zur stufenweisen Wiedereingliederung eingereicht. Als Reaktion seitens meines Arbeitgebers habe ich ein Schreiben erhalten, in dem ich aufgefordert wurde, "*...eine ausführliche Begründung Ihrer Ärztin, warum die stufenweise Wiedereingliederung notwendig ist.*" zu liefern. Außerdem soll ich "*...insbesondere ... auch auf die Anzahl der maximal zu leistenden täglichen Stunden...*" eingehen. Der Vorschlag meiner Ärztin sieht eine stufenweise Anhebung der Stunden vor (beginnend mit drei Stunden am Tag, dann vier und sechs Stunden pro Tag bis zur normalen Dienstaufnahme mit einigen Einschränkungen). Da meine Ärztin sehr verwundert zum Ausdruck brachte, dass die Forderung meines Arbeitgebers unüblich sei, würde ich gern wissen, ob das Verhalten meines Arbeitgebers grundsätzlich gerechtfertigt ist. Eine Vorladung zum Betriebs- bzw. Amtsarzt habe ich bisher nicht erhalten. Gibt es hierzu eventuell für alle Seiten bindende gesetzliche Regelungen oder Verordnungen? Welche ärztlichen Informationen muss bzw. darf meine Ärztin überhaut weitergeben? Da ich Beamter bin, sind weder meine Krankenkasse noch ein Rentenversicherungsträger an der geplanten Wiedereingliederung beteiligt.

Antwort: Ich finde es auch verwunderlich – habe so etwas auch noch nie gehört. Eine Einschränkung muss ich jedoch machen: Ich habe keine Ahnung, ob bei Euch im Beamtenrecht Sonderregelungen gelten – da bin ich überfragt. Gibt es bei Euch denn eine Stelle, an die Du Dich wenden könntest?

Aber Deine Ärztin kann ja mal ein Schreiben aufsetzen, das deutlich macht, dass man an einer Wiedereingliederung nicht vorbei kommt. Eben guten Willen zeigen, gleichzeitig aber klare Grenzen aufzeigen, nämlich z.B. keine Details nennen, da sie ja eine ärztliche Schweigepflicht hat, und diese ernst nimmt – der Arbeitgeber muss nicht alles wissen (zumindest ist das in Deutschland so!!!). Das müsste vorerst reichen!

Denn alles andere wäre Schikane von Deinem Arbeitgeber! Dann soll er Dich lieber zum Betriebs-/Amtsarzt schicken! Was jedoch noch wichtig ist zu wissen: Rechtlich bindend ist die Wiedereingliederung nicht. Dein Arbeitgeber könnte die Wiedereingliederung auch ablehnen. Man kann ihn nicht zwingen. Dann müsste er jedoch auch die Konsequenzen tragen und noch länger auf Dich verzichten bis zur endgültigen Gesundschreibung. Als Arbeitgeber würde ich da das Wiedereingliederungsprogramm bevorzugen.

Rückmeldung: Ich hatte vorher parallel Kontakt zu unserem Personalrat (=Betriebsrat) aufgenommen. Die ersten Reaktionen gingen in die Richtung, dass die Kollegen sich erst einmal selber in das Themengebiet einarbeiten müssen. Mir ist klar, dass die stufenweise Wiedereingliederung abgelehnt werden kann. Für mich ist jedoch unverständlich, weshalb es der Gesetzgeber versäumt hat, neben der Ablehnungsmöglichkeit durch den Arbeitgeber auch festzulegen, wie weit die Informationsgewinnung/-sammlung des Arbeitgebers gehen darf (Datenschutz). Die normalen Arbeitsunfähigkeitsbescheinigungen enthalten ja auch keine detaillierten Angaben.

Rückantwort: Ich glaube, dass der Gesetzgeber da gar nichts vernachlässigt hat. Denn grundsätzlich gilt ja die Schweigepflicht des Arztes, also das Arztgeheimnis. Wie gesagt, ich weiß nicht, ob im Beamtenrecht etwas anderes steht. Aber da sind Deine Kollegen ja dran – wobei ich es auch nicht wirklich klasse finde, dass die es nicht auf Anhieb wissen... so was sollte ja nicht nur einmal vorkommen, oder? Dein Arbeitgeber ist m.E. aktuell derjenige, der hier klar Grenzen überschreitet und das Arztgeheimnis missachtet!

Fall 35: Ist Wochenendarbeit und Urlaubsvertretung möglich?

Frage: Ich soll am Montag wieder eingegliedert werden nach dem Hamburger Modell. In dem Wiedereingliederungsplan ist vereinbart, dass ich erst einmal jeweils vier Stunden an fünf Tagen in einer Kalenderwoche arbeiten soll. Meine Firma setzt mich jetzt jedoch in den ersten Wochen gleich am Wochenende ein. Mittwoch und Freitag bekomme ich frei. Darüber hinaus soll ich an einigen Tagen ganz allein arbeiten, da meine Chefin im Urlaub ist. Geht das überhaupt?

Antwort: Ich denke, das hängt u.a. von Deinem Arbeitsvertrag und von Deinem behandelnden Arzt ab. Ist es bei Euch denn üblich, dass auch am Wochenende gearbeitet wird? Hast Du denn schon mit Deinem Arzt gesprochen? Ist er der Meinung, dass Du nicht am Wochenende arbeiten kannst bzw. zwei Tage Ruhe brauchst zwischendurch? Oder denkt er, dass Wochenendarbeit in Ordnung ist? Er kann nämlich zusätzlich im Wiedereingliederungs-Formular vermerken, was seiner Meinung nach machbar ist und was nicht.

Daher kann ich da nicht so viel dazu sagen. Bzgl. der Urlaubsvertretung bzw. des Allein Arbeitens: Hier sehe ich erst einmal kein Problem, wenn Dein Arzt nicht dagegen ist – mit einer Voraussetzung: Es muss gewährleistet werden, dass Du wirklich nur vier Stunden arbeitest – und aufgrund des Urlaubs Deiner Chefin nicht doch länger bleiben musst. Das solltest Du auf jeden Fall noch einmal abklären. Viel Glück!

Fall 36: Ist Zeiterfassung während der Wiedereingliederung rechtens?

Frage: Hallo zusammen, in einem früheren Beitrag wurde folgendes erwähnt: *"...eine elektronische Zeiterfassung wird innerhalb der Wiedereingliederung nicht vorgenommen..."* Gibt es dafür eine rechtliche Grundlage? Bei uns müssen die Kollegen, die sich im Wiedereingliederungsprogramm befinden, die Stempeluhr drücken. Der Arbeitgeber konnte bisher noch nicht so recht erläutern, warum er dies verlangt. Einzige Begründung bisher: Er will sichergehen, dass die Kollegen/innen auch nur die vereinbarte Zeit arbeiten. Habt Ihr dazu Informationen?!

Erste Antwort: Eine Rechtsnorm fällt mir gerade nicht ein. Aber es ist gegen alle Logik, hier eine Zeiterfassung zu machen. Es sei denn, ein Betriebsrat hat dem zugestimmt und eine Betriebsvereinbarung geschlossen. Oder es handelt sich um eine Regelung im Beamtenrecht. Da könnte ich mir so etwas auch vorstellen. Grundsätzlich gilt die betriebliche Wiedereingliederung jedoch als eine therapeutische Maßnahme. Zusätzlich kommt noch hinzu, dass man in dieser Zeit weiterhin arbeitsunfähig geschrieben ist. Also erhält man Krankengeld und kein Arbeitsentgelt. Somit entfällt auch der Anspruch des Arbeitgebers auf eine geschuldete und nachzuweisende Arbeitszeit.[30]

Das Argument des Arbeitgebers, dass er überprüfen möchte, ob der Arbeitnehmer nicht mehr macht, finde ich persönlich seltsam. Jeder Arbeitnehmer wird aus eigener Vernunft nur das machen, was ihm gerade zugemutet werden kann bzw. was sein Arzt für vertretbar hält. Ein Freund von mir ist gerade in einer solchen Phase. Er hat geglaubt, drei Stunden am Tag sind easy. Doch das war nix. Er hat schnell verstanden, dass er nach mehreren Wochen krankheitsbedingter Pause alles ruhig angehen muss, und wartet geduldig die nächste Stufe ab. Ihm würden "Überstunden" nicht im Traum einfallen.

Zweite Antwort: *"...Das Argument des AG, dass er überprüfen möchte, ob der Arbeitnehmer nicht mehr macht, finde ich seltsam. Jeder Arbeitnehmer*

---

[30] http://www.arbeitsrecht.org/arbeitnehmer/bewerbung-einstellung/schritt-fuer-schritt-zurueck-in-die-arbeitswelt (zuletzt aufgerufen am 18.03.2012)

wird aus eigener Vernunft nur das machen, was ihm gerade zugemutet werden kann bzw. was sein Arzt für vertretbar hält. ..."

Sorry, aber auf diese Zeilen möchte ich doch noch näher eingehen. Bitte bedenkt, dass es -zig Betriebe, Unternehmen, Konzerne und Agenturen gibt, in denen Überstunden an der Tagesordnung sind – und in denen beileibe nicht vom Vorgesetzten darauf geachtet wird, dass der "Wieder-Einzugliedernde" wirklich nur die Maximal-Stundenzahl arbeitet. Und da arbeiten viele dann doch mehr, um vor den anderen Kollegen nicht blöd da zu stehen, um keine dummen Sprüche zu ernten, um ihre Arbeit zu schaffen etc. etc. Da spielt der Begriff "Vernunft" auch eine Rolle: Bin ich „vernünftig" und arbeite so viel, wie mein Arzt vorschreibt, damit ich schneller gesund werde? Oder bin ich „vernünftig" und arbeite immer ein wenig mehr, damit mein Arbeitgeber keinen Grund sieht, mich zu mobben und mich irgendwann rauszuwerfen?

Zudem gibt es das Krankheitsbild "Burnout" – da muss eher darauf geachtet werden, dass der kranke Kollege nicht gleich wieder zu viel arbeitet. Zumindest kenne ich genügend Fälle, in denen die Maximal-Stundenanzahl nur eine Richtgröße war, die meist um ein bis zwei Stunden erhöht wurde – natürlich nicht unbedingt zum Wohl des Patienten. Das Eingliederungsprogramm stagnierte dann eben irgendwann, d.h. die Sprünge nach oben dauerten später länger.

Ein sehr persönliches Beispiel von mir: Ich höre noch heute den Satz meines Arztes, der dem Gutachter erklärte, warum ich seit Wochen die Vier-Stunden-Hürde auf dem Plan stehen habe – und es keine weiteren Sprünge nach oben (fünf oder sechs Stunden) gibt – *"Die Patientin arbeitet in dem Unternehmen sowieso schon wieder sechs Stunden... wenn ich sie auf sechs Stunden heben würde, würde sie gleich wieder Vollzeit arbeiten."* Der

Gutachter akzeptierte dies. Für mich im Nachhinein auch ein Zeichen, dass dies nicht so selten vorkommt! Übrigens: Bis zur Gesundschreibung blieb ich bei den vier Stunden am Tag. Danach stieg ich gleich wieder voll ein.

Dass ich in der Regel mehr arbeitete als vier Stunden, war dem Betriebsklima und dem Arbeitsaufwand geschuldet – niemand hätte mir die Arbeit abgenommen. Den Druck bekam ich trotzdem, auch wenn ich kein Gehalt, sondern Krankengeld erhielt! Was ich damit sagen möchte: Der Idealfall sieht so aus, dass ein Wiedereingliederungsprogramm auch von Unternehmensseite gern gesehen wird – aber in vielen Fällen ist es einfach nur lästig. Und es wird schnell darauf gedrängt, wieder "normal" zu arbeiten. Wenn Arbeitgeber bzw. die direkten Vorgesetzten den Sinn und Zweck dieses Programms nicht begreifen (wollen), wenn die Parole "Krank = Schwach = nicht mehr leistungsfähig" in einem Unternehmen gilt, dann tut ein Betriebsrat bzw. das Personalwesen z.B. gut daran, an einer Stempelkarte "festzuhalten", um zu sehen, ob die Programme von den Betreffenden überhaupt eingehalten werden können! In vielen Unternehmen ist das Stempeln sowieso inzwischen eher "Schutz der Arbeitnehmer" als Schikane. Denn nur so können die teilweise immensen Überstunden gemessen werden!

Anmerkung von der Autorin: Hier wird deutlich, wie unterschiedlich Maßnahmen von Arbeitgebern beurteilt werden können. Beide Deutungen können korrekt sein – die individuelle Situation muss betrachtet werden.

Fall 37: Ich werde während der Eingliederung voll eingeplant!

Frage: Ich war jetzt über ein halbes Jahr zu Hause wegen einer schweren Operation. Ich arbeite in einer Pflegeeinrichtung für Schwerstpflegefälle (hauptsächlich Komapatienten). Meine Wiedereingliederung beginnt mit vier Stunden am Tag für drei Wochen. Danach ist eine Erhöhung auf sechs Stunden vorgesehen.

Der erste Arbeitstag war in Ordnung. Aber langsam wird es zu viel. Ich werde voll eingeplant und soll in meinen vier Stunden morgens gleich vier bis fünf Bewohner versorgen. Hier meine Frage: Müsste man in einer Wiedereingliederung nicht zusätzlich eingeplant werden?

Ich will nochmal mit meiner Ärztin reden (diese war leider diese Woche im Urlaub). Die Krankenkasse hat zum Abbruch der Eingliederung geraten. Übrigens, was ist denn mit Wochenenddiensten bzw. den Zuschlägen für die Wochenenden? Ich bin ja nicht in Lohnfortzahlung. Anscheinend ist mein Arbeitgeber der Meinung, dass ich lange genug zu Hause war und nun Wochenenddienste schieben kann.

Antwort: Reden Sie bitte mit Ihrer Ärztin. Sie entscheidet ja mit, ob die Wiedereingliederung zur Gesundung und Reintegration beiträgt oder nicht. Was sie z.B. tun könnte:
a) das Formular für die Wiedereingliederung einfach klarer formulieren (also z.B. vier Stunden am Tag NUR werktags...) oder
b) das Wiedereingliederungsprogramm stoppen.

Dass bei einem Wiedereingliederungsprogramm zusätzlich Mitarbeiter eingeplant werden, kenne ich so nicht. Inwiefern es realistisch ist, vier bis fünf Bewohner in den vier Stunden zu versorgen, kann ich nicht beurteilen. Sie sicherlich schon. Und da wäre ein Gespräch mit dem Arbeitgeber von Ihrer Seite sicherlich angebracht.

Fall 38: Mein Arbeitgeber hinterfragt die Bestimmungen des Arztes!

Frage: Ich bin seit längerer Zeit krankgeschrieben, und soll jetzt die Stufenweise Wiedereingliederung beginnen. Mein Arzt hat den Wiedereingliederungsbogen bereits ausgefüllt: Zwei Wochen mit drei Stunden am Tag, zwei Wochen mit fünf Stunden am Tag. Bemerkung:

Leichte Arbeit und keine Wochenenddienste. Ich war dann bei meinem Arbeitgeber, um diesen Wiedereingliederungsbogen unterschreiben zu lassen. Dieser fragte, was mit leichter Arbeit gemeint sei. Zudem fand er es nicht gut, dass ich keine Wochenenddienste machen darf. Ich könne ja dann in der Woche mal einen Tag frei nehmen, meinte er. Meine Frage: Kann sich der Arbeitgeber den Bestimmungen des Arztes widersetzen? Ich bin in der Altenpflege tätig!

Antwort: Der Arzt bestimmt, unter welchen Bedingungen Du das Wiedereingliederungsprogramm beginnst. Deswegen ist er auch der erste Ansprechpartner, wenn der Arbeitgeber gegen die Bedingungen ist. Mein Tipp: Geh' zu Deinem Arzt, sprich' mit ihm nochmal ab, was "leichte Arbeit" konkret für Deinen Beruf bedeutet. Am besten ist, wenn er dies in dem Wiedereingliederungsformular vermerkt unter Bemerkungen o.ä. Dann gibt es auch keine Missverständnisse. Auch das Thema "Wochenenddienst" würde ich an Deiner Stelle nochmals mit Deinem Arzt absprechen. Sollte Dein Arzt weiterhin gegen Wochenendarbeit sein (was ich nachvollziehen kann), dann muss sich Dein Arbeitgeber daran halten. Bitte bedenke, dass Du in der Zeit weiterhin krankgeschrieben bist, von der Krankenkasse Krankengeld beziehst, und die Bestimmungen des Wiedereingliederungsprogramms geltend sind. Denn solltest Du gegen die Absprachen mit Deinem Arzt am Wochenende arbeiten, wärst Du noch nicht einmal versichert. Das sollte auch einem Arbeitgeber einleuchten. Viel Glück!

Fall 39: Mein Arbeitgeber will mich nach langer Krankheit kündigen!

Frage: Ich bin seit 14 Monaten krank. Heute sollte ich mit der Wiedereingliederung beginnen. Aber mein Arbeitgeber hat diese Wiedereingliederung abgelehnt. Wie geht es denn jetzt weiter? Muss ich sofort wieder mit der vollen Stundenzahl (39 Stunden/Woche) beginnen? Mein Arbeitgeber hat zudem signalisiert, dass er das Arbeitsverhältnis beenden möchte. Ich bin seit mehr als zwanzig Jahre dort beschäftigt, Ende 50 und schwerbehindert mit 50 Prozent. Kann ich verlangen, wieder auf meinen alten Arbeitsplatz zu kommen?

Antwort: Es tut mir Leid, dass sich Dein Arbeitgeber so verhält. Ich rate Dir ganz dringend, Dich an einen Fachmann zu wenden, der sich mit Arbeitsrecht auskennt (Rechtsanwalt, Betriebsrat, Sozialverband oder Schwerbehindertenbeauftragter). Denn hier geht es um Arbeitsrecht; die Ablehnung des Wiedereingliederungsprogramms ist eindeutig nur ein Vorwand. Ich wünsche Dir auf jeden Fall viel, viel Glück für das, was Du durchkämpfen möchtest. Aber hol' Dir da unbedingt juristische Unterstützung!

Rückmeldung: Ja, ich habe schon einen Termin beim Anwalt und bei der Gewerkschaft. Mein Chef versucht mit allen Mitteln, mich zu verunsichern. Aber ich habe auch noch das Integrationsamt eingeschaltet, da wir keinen Betriebsrat haben. Wenn alle Stricke reißen, werde ich meine volle Arbeitskraft wieder anbieten. Ich denke, dass mein Arbeitgeber dies nicht ablehnen kann, da er mir ja noch nicht gekündigt hat. Und bei einer Kündigung müsste ja das Integrationsamt mitspielen.

Fall 40: Was ist mit den Sollstunden während der Eingliederung?

Frage: Bei mir läuft zurzeit die Wiedereingliederung (zwei Wochen mit je vier Stunden am Tag; zwei Wochen mit je sechs Stunden am Tag; danach wieder Vollzeit). Mein Gehalt bekomme ich anteilig als Krankengeld von der Krankenkasse. Ich erhalte also kein Gehalt von meinem Arbeitgeber. Ist es richtig von meinem Arbeitgeber, die 100 Stunden (zehn Arbeitstage mit vier Stunden am Tag + zehn Arbeitstage mit je sechs Stunden am Tag) als Sollstunden während meiner Wiedereingliederung anzusetzen? Oder darf er das gar nicht? Schließlich zahlt ja die Krankenkasse die Stunden. Ganz schön verwirrend.

Antwort: Für mich sieht es einfach so aus, dass Dein Arbeitgeber Dir hier eine Brücke baut. Denn so kann er (wie Du auch) gut nachprüfen, ob Du Dein Wiedereingliederungsprogramm (also die 100 Stunden, nicht weniger und auch nicht mehr) schaffst. Denn Dein Arbeitgeber ist verpflichtet, darauf zu achten, dass Du die Stunden einhältst bzw. nicht zu wenig arbeitest, aber auch nicht zu viel Überstunden machst, die für Deine Heilung eventuell nicht gut wären (siehe Burnout etc.). Mit dem Verständnis finde ich es völlig in Ordnung, wie er das macht.

Fall 41: Hilfe, die Bürokratie macht uns fertig!

Frage: Hallo, meine Lebensgefährtin ist Mitte 30 und seit längerer Zeit schwerkrank. Als die Krankheit ausbrach, war sie nach einem kurzen Krankenaufenthalt für einige Wochen auf Kur, dann noch einige Wochen krankgeschrieben und zuhause. Danach hat sie gleich die stufenweise Wiedereingliederung bei ihrem Arbeitgeber begonnen. Leider hat sie mit der Eingliederung viel zu früh angefangen. Das war ein Fehler. Denn nachdem sie das Wiedereingliederungsprogramm – natürlich viel zu schnell – zu Ende brachte und wieder Vollzeit arbeitete, kam ein psychischer Zusammenbruch. Leider auch die ersten blöden Kommentare ihres Arbeitgebers... Daher ist sie nun wieder krankgeschrieben, macht aber schon wieder vier Stunden Wiedereingliederung. Mit Hilfe des Integrationsamtes hat sie zudem die Teil-EM-Rente beantragt, die jedoch leider abgelehnt wurde. Sie hatte so gehofft, dass die Rente bewilligt wird, damit sie dann Ende des Jahres halbtags arbeiten kann. Nun das ist leider nicht der Fall. Übrigens hat sie einen Schwerbehindertengrad von 50 Prozent.

Vor zwei Wochen hat nun die Krankenkasse angerufen und erklärt, dass die Wiedereingliederung laut MDK in zwei Wochen beendet werden muss. Da bin ich ans Telefon gegangen, und fragte, was das soll. Ich erklärte dem Krankenkassenberater, dass der Arbeitgeber meiner Lebensgefährtin sich gar nicht um die Eingliederung kümmert, geschweige denn mit ihr je ein Gespräch geführt hat. Ich habe ihm auch erzählt, dass der Arbeitgeber noch nicht einmal den Wiedereingliederungsplan unterschrieben hat. Daraufhin meinte der Krankenkassenberater, dass damit die Wiedereingliederung als gescheitert zu sehen sei. Er riet meiner Freundin, dies alles mit ihrem Arzt zu klären. Ich hakte noch nach, ob da keine finanziellen Nachteile auf sie zukommen würden. Er verneinte dies. Letzte Woche kam dann jedoch ein Brief von der Krankenkasse mit der Erklärung, dass die Wiedereingliederung gescheitert sei – obwohl meine Lebensgefährtin noch nicht beim Arzt war. Was soll denn das?

Dann stellt sich uns noch eine ganz andere Frage: Wenn meine Lebensgefährtin vier Stunden am Tag arbeitet, und dafür auch nur fünfzig Prozent des Gehalts bekommt, was ist dann mit der anderen Hälfte des Gehalts? Wie soll sie denn Miete, Auto, Versicherungen usw. bezahlen? Von wem kriegt sie Unterstützung? Laut Integrationsamt bekommt sie nichts von der Krankenkasse. Aber sie hat doch 1,5 Jahre Anspruch auf Krankengeld, oder? Und sie hat bis jetzt insgesamt nur für ca. ein Jahr Krankengeld erhalten. Darf die Krankenkasse denn einfach die Wiedereingliederung als gescheitert erklären?

Antwort: Puh, was für ein Chaos. Darf ich erst einmal nachfragen?

a) Verstehe ich es richtig, dass sie das erste Wiedereingliederungsprogramm abgeschlossen hatte, und wieder voll arbeitete bis zur erneuten Krankschreibung?

b) Wegen der Schwerbehinderung: Weiß der Arbeitgeber Bescheid? Gibt es in dem Unternehmen Deiner Partnerin Ansprechpersonen zu dem Thema?

c) Wegen der zweiten Krankschreibung: Ist Deine Partnerin jetzt mit anderen Diagnosen krankgeschrieben als beim ersten Mal?

d) Seid Ihr bereits in Widerspruch gegangen wegen der Ablehnung der Teil-EM-Rente?
e) Wann hat sie das zweite Wiedereingliederungsprogramm angefangen?
f) Weiß der Chef eigentlich von dem Antrag auf Teil-EM-Rente?
g) Macht Deine Partnerin aktuell Therapie oder ähnliches? Inwieweit ist sie mit all ihren Problemen in Behandlung?

Zu Deiner ersten Frage: Wenn der Arbeitgeber den Wiedereingliederungsschein nicht unterschrieben hat, gilt das Wiedereingliederungsprogramm wirklich als gescheitert. Das hast Du ja auch dem Krankenkassen-Berater am Telefon erzählt, oder? Hat die Kasse denn immer die Durchschläge des Wiedereingliederungsformulars erhalten? Und hat der Arbeitgeber wirklich nie unterschrieben? Dann hat die Krankenkasse Recht! Deine Partnerin hat nichts gesagt, aber die fehlende Unterschrift des Arbeitgebers und Deine Aussage am Telefon reichen aus. Wobei – wenn dies der Fall wäre – die Krankenkasse Deiner Partnerin wirklich keinen Vorwurf machen kann, denn letztlich liegt die Verantwortung des Scheiterns dann am Arbeitgeber. Ein Tipp: Vielleicht fragt Ihr schriftlich bei der Krankenkasse nach einer schriftlichen Begründung für ihr Handeln.

Aber nochmal: Wenn die Unterschrift des Arbeitgebers auf den Wiedereingliederungsscheinen fehlt, ist das Wiedereingliederungsprogramm nicht rechtens. D.h. Deine Partnerin arbeitet, obwohl sie krankgeschrieben ist. Darf ich fragen, was Deine Partnerin in den letzten Tagen nun gemacht hat? Hat sie weiter gearbeitet, obwohl das Wiedereingliederungsprogramm als gescheitert erklärt wurde? Hat sie eine weitere Krankschreibung? Weiß ihr Arbeitgeber davon? Er könnte eventuell noch ein Telefonat mit der Krankenkasse führen, um die Sache "gerade zu biegen".

Deine Partnerin gilt übrigens, wenn sie zuhause bleibt, genauso wie während des Wiedereingliederungsprogramms, als krankgeschrieben. Und der Anspruch auf Krankengeld liegt bei maximal 78 Wochen bei derselben Diagnose. D.h. ihr kann eigentlich erst einmal nichts passieren, da sie – wie Du schreibst – noch ca. sechs Monate Krankschreibung frei hätte. Es sei denn, der Medizinische Dienst der Krankenkasse untersucht sie und ist der Meinung, dass sie gesund ist. So etwas kann vorkommen.

Wichtig ist in der Tat, wie der Arzt reagiert. Schreibt er sie nach Scheitern des Wiedereingliederungsprogramms weiter krank oder gesund? Das allein zählt. Bei Krankschreibung (Krankenschein!!!) siehe oben. Bei Gesundschreibung müsste Deine Partnerin ab sofort wieder Vollzeit arbeiten.

Zu Deiner zweiten Frage: Wenn Deine Partnerin nur noch vier Stunden arbeiten kann, und das Wiedereingliederungsprogramm vom Arbeitgeber nicht gewünscht ist, müsste sie theoretisch mit ihrem Arbeitgeber reden, und ihn um einen Teilzeitvertrag (Halbtags) bitten. Ob das geldtechnisch und jobtechnisch machbar ist, weiß ich nicht. Aber das ist der theoretische Weg, den ich z.B. auch schon hinter mir habe.

Es ist „eigentlich" ganz einfach:
Halbtags arbeiten = Teilzeitarbeit = Teilzeitgehalt.
Krankschreibung = Krankengeld.
Wiedereingliederung = Krankschreibung = Krankengeld.
Teil-EM/EU-Rente = Halbtagsgehalt und Teil-EM-Rente (die Hälfte des Rentenanspruchs).

Rückmeldung: Vielen Dank erst mal für Deine nette und lange Antwort. Ich werde erst einmal alle Fragen Schritt für Schritt durchgehen und beantworten, so gut ich es kann.

a) Das ist richtig!

b) Wegen der Schwerbehinderung: Ja, der Arbeitgeber weiß Bescheid. Einen Ansprechpartner gibt es leider nicht. Einen Betriebsrat gibt es auch nicht.

c) Nein, sie ist immer noch wegen der ersten Krankheit krankgeschrieben.

d) Widerspruch konnten wir bis jetzt nicht einlegen. Die Widerspruchsfrist haben wir zwar verlängert, aber kein Arzt stellt einen Bescheid aus. Somit wissen wir jetzt nicht, was wir machen sollen.

e) Das zweite Wiedereingliederungsprogramm begann Mitte des Jahres.

f) Der Arbeitgeber weiß, dass meine Partnerin Teil-EM-Rente beantragt hat.

g) Therapien macht meine Partnerin übrigens keine (mehr). Ihr Hausarzt meinte, dass diese irgendwann nichts mehr nützen. Zudem sagte er ihr, dass die Krankenkasse nichts mehr genehmigen würde. Oder meinst Du Psychotherapie?

Meine Partnerin hat immer die Kopien von den Wiedereingliederungsformularen bekommen. Sie hat diese auch von ihrem Arzt unterschreiben lassen. Da der Arbeitgeber jedoch nicht unterschrieb, hat sie die Formulare ohne Unterschrift des Arbeitgebers an die Krankenkasse gefaxt. Und das jedes Mal. Sie hat aber trotzdem gearbeitet bzw. sie hat sich an den Wiedereingliederungsplan gehalten. In der Zeit erhielt sie Krankengeld von der Krankenkasse. Und ja, meine Freundin arbeitet noch – obwohl der Wiedereingliederungsplan gescheitert ist. In den letzten Tagen war sie jedoch zwei Tage zuhause – einmal wegen Erkältung, einmal ist sie von der Arbeit wieder heulend nach Hause gekommen. Gestern war sie bei der Neurologin. Heute war sie wieder auf der Arbeit, und wird wahrscheinlich weiter zur Arbeit gehen. Eine weitere Krankschreibung? Nein, sie hat nur den Wiedereingliederungsplan. Der Arbeitgeber weiß Bescheid, kümmert sich aber nicht um die Mitarbeiter, um die Kranken erst gar nicht. Für ihn sind die erledigt. Mit dem Arbeitgeber kann man einfach nicht reden. Er hat nie Zeit.

Oder er fragt z.B. bei den Wiedereingliederungsformularen: „Was soll ich denn damit?".

Der Medizinische Dienst der Krankenkasse hat meine Partnerin übrigens bereits untersucht. Sie sind der Meinung, dass sie krank ist und nicht voll arbeiten kann. Deswegen wird der Arzt sie auch weiterhin krankschreiben, denke ich. Sollte er das jetzt machen?

Jetzt will der Neurologe übrigens keinen Einspruchsbescheid wegen der Rentenablehnung ausstellen. Angeblich würde es nichts nützen, sich mit den Behörden zu streiten. Was machen wir nun?

Antwort: Habt Ihr selbst denn zumindest formlosen Widerspruch gegen die Ablehnung der Rente eingereicht? Und habt Ihr auch die Fristen eingehalten? Hat der Neurologe begründet, warum er keinen Bescheid schreiben will? Wurde er denn von der Rentenversicherung bereits aufgefordert? War Deine Partnerin denn schon beim Gutachter der Rentenversicherung? Hat sie noch andere Ärzte oder Therapeuten? Z.B. einen Hausarzt? Und ganz wichtig: Ist der Neurologe denn der Meinung, dass Deine Partnerin demnächst wieder voll arbeiten kann? Sorry, dass ich so viele Gegenfragen stelle. Aber solche Themen sind teilweise doch recht komplex – und da reichen die ersten Infos kaum aus. Eine andere Frage: Seid Ihr Mitglied beim VdK oder SoVDK? Ich persönlich habe zwar keine guten Erfahrungen gemacht, aber diese Verbände haben vielen Leuten schon geholfen, v.a. wenn es um rechtliche Belange geht (kostenlose Rechtsberatung). In Eurem Fall wäre dies sicherlich ratsam.

Meine Einschätzung: Ohne Unterstützung der behandelnden Ärzte ist es (zu Recht) wirklich sehr schwer, eine Rente genehmigt zu bekommen. Daher denke ich, dass es sehr wichtig ist, die Gründe des Neurologen herauszubekommen bzw. zu wissen, ob er vielleicht doch nur auf die Aufforderung der Rentenversicherung wartet (vielleicht zur Erklärung: Wenn Ihr vorab ein Schreiben einreicht mit dem Widerspruch und einer ärztlichen Begründung, müsst Ihr seine Begründung bezahlen; wenn Ihr formlos widersprecht und die Rentenversicherung ihn direkt anschreibt, muss die Rentenversicherung die Attest-Gebühren bezahlen. Zudem hat der Arzt es leichter, weil die Rentenversicherung Formulare zum Ausfüllen schickt). Aber ich denke, moralisch kann der Arzt die Unterstützung für ein Rentenbegehren nicht ablehnen – es sei denn, er ist der Meinung, dass Deine Partnerin demnächst wieder voll arbeiten kann.

Wichtig ist m.E. vor allem eine ambulante oder stationäre Psychotherapie. Denn ich glaube nicht, dass die Rentenversicherung die EM-Rente bewilligt, solange Deine Partnerin bei ihren psychischen Problemen keine Therapie gemacht hat bzw. noch einmal in eine psychosomatische Reha gegangen ist. Solange kann sie als Argument geltend machen, dass sie noch nicht alle zur Verfügung stehenden Heilmethoden ausgenutzt hat.

Rückmeldung:

1. Nein, wir haben noch keinen Widerspruch eingelegt, da wir eben gehofft hatten, dass sie von ihrem Arzt eine Bescheinigung bekommt. Aber leider bekam sie weder von der Neurologin noch vom Hausarzt eine Bescheinigung. Die Neurologin meinte übrigens, das bringe nichts mit dem Widerspruch, weil das nur ein Hin und Her mit dem Papierkram sei. Sie solle sich ausheulen, und versuchen, an sich zu denken. Sie solle versuchen, wieder gesund zu werden. Damit überwies die Neurologin sie an einen Nervenarzt. Zudem sagte sie aber, dass meine Partnerin immer (noch) nicht voll arbeiten kann. Übrigens war meine Freundin schon bei einer Neurologin von der Rentenversicherung. Dort wurde sie komplett untersucht. Dann wurde der Rentenversicherung das Ergebnis mitgeteilt. Wir haben die

Unterlagen angefordert. Dort steht u.a. drin, dass sie nur drei bis sechs Stunden arbeitsfähig ist.

Zu Deinen Ratschlägen:
1) Bei wem soll sie denn die Psychotherapie beantragen?
2) Nein, wir sind nicht Mitglied beim VdK oder SoVDK. Bisher haben wir nur einen Integrationsbeauftragten eingeschaltet. Dieser regelt einiges mit dem Arbeitgeber. Am Freitag haben wir einen weiteren Termin bei ihm. Ich werde dieses Mal mitgehen. Er ist sehr nett, und hat auch den Chef durchschaut. Aber ich werde mich auch mal bei den Verbänden melden und diese zur Rate ziehen.

Der Herr vom Integrationsamt versucht jetzt, den Arbeitgeber zu überzeugen, dass meine Lebensgefährtin ab 1. November Teilzeit (vier Stunden) arbeitet, gegen Bezahlung. Aber da ist die Frage: Was macht man mit dem fehlendem halben Gehalt? Von wem kriegen wir Unterstützung? Fraglich ist sowieso, ob sie vier Stunden auf volle Leistung arbeiten kann. Denn während der Eingliederung ist sie psychisch immer noch sehr belastet. Ihr werden Tätigkeiten gegeben, die keiner machen will. Die Arbeit, die sie gerne machen würde, übt jetzt eine neue Mitarbeiterin aus (die übrigens für meine Lebensgefährtin eingestellt wurde). Ihre Kolleginnen akzeptieren ihre Krankheit nicht. Der Chef auch nicht. So, das war´s erst mal.

Weitere Antwort: Puh, das ist alles recht heftig. Ich versuche mal so kurz wie möglich das zu nennen, was m.E. unbedingt und so schnell wie möglich zu tun wäre. Denn manches ist nun wirklich brandeilig.

a)

Deine Partnerin soll DRINGEND zum Arzt und sich krankschreiben lassen. Zu welchem auch immer. Grund: Mit der Erklärung, dass das Wiedereingliederungsprogramm gescheitert ist, ist die Krankenkasse erst einmal aus der Pflicht. Deine Partnerin arbeitet damit aktuell auf eigenes Risiko weiter. Zudem wird die Krankenkasse ohne Krankenschein kein Geld weiter zahlen. Das ist höchst riskant. Daher: Erst einmal KRANKSCHREIBEN lassen, bis das alles geklärt ist.

b)

Telefoniert mit der Krankenkasse, und fragt bitte nach, wie viele Tage Krankschreibung Deine Partnerin noch hat. Hintergrund: Wenn Deine Partnerin bisher immer mit derselben Diagnose krankgeschrieben wurde (und das Wiedereingliederungsprogramm läuft ja offiziell auch unter Krankschreibung, auch wenn es keinen Krankenschein gibt), dann sind nicht mehr so viele Tage übrig, oder?

c)

Dann besprecht bitte mit der Krankenkasse, was zu tun ist wegen des Wiedereingliederungsprogramms. Fragt "dumm" nach. Denn wenn der Arbeitgeber wirklich nie unterschrieben hat, dann ist das Wiedereingliederungsprogramm schon längst gescheitert! Letztlich hätte Deine Freundin das Wiedereingliederungsprogramm so nie anfangen dürfen. Aber auch die Krankenkasse hat da nicht aufgepasst.

d)

Parallel fordert bitte das Gutachten des MDK an und faxt es ADHOC mit einem Widerspruch an die Rentenversicherung wegen der Teil-EM-Rente. Zu dem Widerspruch komme ich gleich noch bzw. poste Euch einige links zu Beiträgen, in denen Ihr weitere Informationen und Formulierungstipps findet.

e)

Teil-EM-Rente: Sprecht mit allen Ärzten, und fordert sie. Warum wollen sie keine Begründung für die Teilzeitrente erstellen, obwohl der MDK der Meinung ist, dass sie nicht mehr voll arbeiten kann? Und obwohl die Neurologin anscheinend auch der Meinung ist?

Fordert klare Aussagen (nicht Ausrede Papierkram o.ä., sondern):

- Wollen Sie die Begründung schreiben?
Ja oder Nein.
- Wollen Sie unterstützen, dass meine Partnerin weniger arbeiten kann? Ja oder Nein.

Falls es hierzu Schwierigkeiten kommen sollte, kann Euch vielleicht der Integrationsbeauftragte helfen. Oder die Patientenberatung. Links folgen noch. Oder eben die Sozialverbände, von denen ich schrieb. Aber Ihr braucht dringend Unterstützung. Es kann hart werden, aber dann wisst Ihr, woran Ihr seid. Deine Partnerin wird m.E. die Rente nicht bekommen, wenn die behandelnden Ärzte nicht der Meinung sind, dass sie notwendig ist. Möglich ist dann nur noch ein Ärztewechsel, oder Ihr müsst das Thema erst einmal ruhen lassen.

f)

Wegen der Schwerbehinderung und Job: Lasst den Integrationsbeauftragten mit dem Arbeitgeber sprechen. Haltet Euch da zumindest persönlich im Gespräch zurück. Denn das alles kann sehr persönlich werden – und verursacht noch mehr psychische Probleme. Es kann sein, dass der Arbeitgeber entnervt kündigt, mobbt oder ähnliches. Es sieht ja jetzt schon fast so aus. Dann muss geklagt werden. Als Schwerbehinderte hat Deine Partnerin Vorteile. Aber es gibt leider auch genügend Fälle, in denen es am besten ist, sich gleich einen anderen Job zu suchen. Denn so kann es ja nicht weitergehen im Job, oder? Egal, ob vier oder sechs Stunden.

g)

Wegen Therapie und Psychiater/Nervenarzt: Weiß der Hausarzt Bescheid über die psychischen Probleme Deiner Partnerin Bescheid? War sie schon beim Nervenarzt? Was sagt dieser?

h)

Wegen Psychotherapie: Deine Partnerin kann und sollte selbst eine/n Psychotherapeuten/-in suchen, sich dort vorstellen, und die ersten fünf

Stunden schauen, ob es passt. Dann fordert der/die Therapeut/in einen Konsiliarbericht vom Hausarzt oder Facharzt an. Den Antrag stellt der Therapeut. Mehr nicht. M.E. sollte sie dies jedoch DRINGEND tun, damit sie lernt, mit der aktuellen Situation besser umzugehen.

i)

Verbände: Ihr müsst da Mitglied sein. Ein Verband reicht auch völlig aus. Aber erkundige Dich bitte.

j)

Halbtagsgehalt: Da kann ich Dir leider nur das schreiben, was ich schon geschrieben habe. Wenn Deine Partnerin auf Vier-Stunden-Basis arbeitet und auch einen solchen Vertrag bekommt, erhält sie leider auch nur noch die Hälfte des Gehalts. Sollte sie in den Niedriglohnbereich fallen, kommt Hartz IV infrage. Ansonsten hat Deine Partnerin in diesem Fall dasselbe Los wie Mütter, die nur halbtags arbeiten können wegen Kinderbetreuung. Später ist vielleicht die halbe EM-Rente eine Möglichkeit, das ein wenig auszugleichen – dazu müsst Ihr wie oben geschrieben jedoch unbedingt widersprechen, ob mit oder ohne Ärzte. Sonst ist der Zug erst einmal abgefahren. Schickt das Gutachten des MDK mit. Auf eine (weitere) Rentengutachterbeurteilung würde ich es in Eurem Fall ankommen lassen.

k)

Falls alle Stricke reißen, falls der Arbeitgeber alles kaputt macht im Gespräch, falls es in dem Unternehmen gar nicht mehr geht: Deine Partnerin kann aus krankheitsbedingten Gründen selbst kündigen. Wenn sie von einem ihrer Ärzte ein Attest bekommt, dann kann sie sich mit Attest und der eigenen Kündigung bei der Arbeitsagentur melden – sie bekommt dann keine Sperrfrist wg. Arbeitslosengeld (natürlich nur, wenn ein Anspruch auf ALG I besteht). Von der Arbeitsagentur wird sie dann wahrscheinlich auch zum Arzt der Arbeitsagentur geschickt.

Ich hoffe, dass all die Informationen weiterhelfen. Ganz wichtig finde ich jedoch, dass Ihr die richtigen Schritte angeht und handelt, nachfragt und teilweise aber selbst bestimmt, was nun zu tun ist (Thema Teil-EM-Rente). Lasst Euch unterstützen von Sachverständigen, aber auch von Freunden. Denn das alles ist keine leichte Situation. Das weiß ich.

Nachtrag : Anbei noch die links zu den oben genannten Themen:
a) Wie schreibe ich einen Widerspruch?
http://www.sozialblog.com/blog/2008/01/widerspruch-was-muss-ich-beach.html
b) Rechtsberatung
http://www.sozialblog.com/blog/2008/01/rechtsberatung-in-streitfallen.html
c) Psychotherapie:
http://www.sozialblog.com/blog/2008/01/psychotherapie-ubernahme-der-k.html
d) Zweitmeinung von Ärzten:
http://www.sozialblog.com/blog/2008/03/habe-ich-das-recht-eine-zweitm.html
e) Schwerbehinderung/Rechte:
http://www.sozialblog.com/blog/2008/08/schwerbehindertenausweis-uberb.html
f) Unabhängige Patientenberatung:
http://www.sozialblog.com/blog/2008/10/neue-bundesweite-hotline-der-u.html
g) Sozialverbände:
http://www.sozialblog.com/blog/2008/10/sozialverbande-die-mitgliedern.html

Rückmeldung: Vielen Dank erst mal für Deine guten Vorschläge und Tipps. Wir waren jetzt beim Rechtsanwalt und auch beim Integrationsamt. Folgendes haben wir beschlossen: Meine Partnerin wird nicht weiter zur Arbeit gehen. Sie kann das psychisch nicht mehr leisten. Sie wird eher noch kränker. Zudem hat sie ja von der Neurologin einen Überweisungsschein für einen Nervenarzt bekommen. Sie hat auch schon einen Termin, aber erst in drei Wochen. Dort wird sie das alles nochmals schildern; und dieser soll sie dann an einen Therapeuten überweisen. So soll dann meiner Partnerin geholfen werden, damit sie mit der ganzen Situation klar kommt. Nun aber doch noch ein paar Fragen: Meine Partnerin wird ab Montag nicht mehr zur Arbeit gehen. Deswegen braucht sie wieder eine Krankmeldung. Da kann doch ihr Hausarzt die Krankmeldung schreiben, oder? Denn beim Nervenarzt hat sie erst in drei Wochen einen Termin.

Nach Informationen des Integrationsbeamten sollen wir wegen der Teil-EM-Rente einen Widerspruchsbescheid selbst schreiben. Die Ärzte schreiben ja nichts. Sie werden es zwar wieder ablehnen, aber dann können wir später einen neuen Antrag stellen. Das wäre besser, meinte er. Jetzt muss ich mal schauen, was ich in den Widerspruch schreibe. Probieren kann ich es ja. Diese Bürokratie nervt mich total. Irgendwann will man einfach nicht mehr. Man kann einfach nicht mehr. Ich als gesunder Mensch komme jetzt schon nicht mehr klar. Wie soll denn eine behinderte Person damit klar kommen? Ich werde mir jetzt noch ein paar Sachen im Internet suchen.

Antwort: Das klingt doch gut. Manchmal ist es wirklich schwierig, bei all dem bürokratischen Chaos den Überblick zu behalten. Und da ist es richtig und wichtig, Experten an Eurer Seite zu haben. Wegen der Krankschreibungen: Sprecht bitte den Hausarzt oder auch die Neurologin an, diese behandelt Deine Partnerin ja jetzt schon. Später kann es auch der Nervenarzt machen. Aber eine Krankschreibung solltet Ihr jetzt schon besorgen, nicht erst auf den letzten Drücker. Einer von den Ärzten wird dies hoffentlich übernehmen.

Ich drücke Euch auf jeden Fall die Daumen – und ganz wichtig: Behaltet die Nerven, und denkt daran, zwischendurch auch mal was Schönes zu machen – und diesem ganzen Chaos nicht zu viel Raum zu geben... es zehrt nämlich.

Nachtrag: Noch ein Tipp: Ihr seid ja jetzt in guten Händen. Vor allem finde ich es klasse, dass Ihr auch bei einem Anwalt seid! Was ich noch gefunden habe, und was wahrscheinlich für Euch nützlich sein kann, ist das Forum www.krank-ohne-rente.de – ich gehe davon aus, dass dort einige Mitglieder schreiben, denen es ähnlich wie Euch geht. Da dort nur registrierte Nutzer lesen und schreiben können, habt Ihr einen geschützteren Raum als z.B. hier. Ihr habt noch mehr Austausch, und Ihr könnt dann auch mehr ins Detail gehen, was die Dinge "zwischen den Zeilen" angeht.

Fall 42: Ich finde keinen Therapieplatz – die Zeit rennt mir weg!

Frage: Ich bin seit Anfang 2010 krankgeschrieben. U.a. war ich auch in einer Tagesklinik. Psychotherapie wurde für die Zeit danach dringend empfohlen. Jedoch habe ich bisher leider noch keinen Platz gefunden, da alle Therapeuten/-Innen entweder voll sind oder nur Privatpatienten behandeln. In der ganzen Zeit musste ich zu drei Begutachtungen durch den MDK. Bei der letzten Begutachtung war der MDK nun der Meinung, dass ich in drei Wochen wieder voll einsatzfähig bin... und die Krankenkasse will dann kein Krankengeld mehr bezahlen.

Ich arbeite in der Altenpflege. Aber ich bin definitiv zurzeit noch nicht belastbar bei Stress, und werde deswegen einen Widerspruch einlegen. In zwei Wochen wollte ich eigentlich mit dem Hamburger Modell anfangen bzw. es versuchen. Meine Frage: Kann mir die Krankenkasse aufgrund dieser Beurteilung das Hamburger Modell verweigern?

Antwort: Der MDK hat meist leider das letzte Wort – es sei denn, Du hast einen guten Haus- oder Facharzt, der sich gegen das Urteil stellt und Dir Rückendeckung gibt. Daher können wir Dir hier aus der Ferne auch schlecht weiterhelfen. Ich empfehle Dir aber ganz dringend,

a) zu Deinem (Haus)Arzt zu gehen, der Dich aktuell krankschreibt und mit diesem das weitere Vorgehen zu besprechen, und

b) sofern Du dies noch nicht gemacht hast, einen dringenden Termin bei einem/r Psychiater/in zu vereinbaren – damit hättest Du eine zusätzliche Facharztmeinung, die meist mehr gilt bei der Krankenkasse. Wenn diese beiden Ärzte das Hamburger Modell bzw. eine weitere Krankschreibung unterstützen, und von sich aus Kontakt zum MDK oder zur Krankenversicherung aufnehmen, um die aktuelle Situation zu erklären, kann es klappen. Wobei ich mir nicht sicher bin, ob dies allein für Dich ausreicht. Denn eine Therapie wäre ja auch vonnöten. Nimmst Du eigentlich Medikamente, oder kommst Du aktuell ohne aus?

Eine andere – u.a. auch therapeutische Möglichkeit – ist, sich erst einmal ganz schnell in eine Fachklinik einweisen zu lassen, z.B. Akutpsychiatrie, aber auch in eine Fachklinik mit Spezialbehandlungsangeboten für Patienten mit Anpassungsstörung. Kliniken sind da manchmal schnell mit der Aufnahme – je, nachdem, wie akut es ist. Vielleicht kennt Dein Arzt ja auch eine gute Klinik. Wenn Dir dort nochmal bestätigt wird, wie es Dir wirklich geht, dann kann die Krankenkasse erst einmal nichts dagegen machen – und Du kannst an Dir arbeiten! Soweit ich weiß, gibt es auch Kliniken mit therapeutischer Nachbetreuung – somit kommst Du auch erst einmal nach dem stationären Aufenthalt über die Runden.

Eine andere Möglichkeit: Ambulante Therapie privat bezahlen. Das hängt sicherlich vom Geldbeutel ab, ist jedoch besser als immer mehr ins Loch zu rutschen, findest Du nicht auch? Oder wenn Du gläubig bist: Seelsorge, die in den Kirchengemeinden angeboten wird. Wäre das was für Dich? Denn es bringt Dir ja nichts, auf die ambulante Therapie zu warten – ich weiß auch, wie lange das manchmal dauern kann. Solange wird die Krankenkasse auch nicht warten. Ich drücke Dir auf jeden Fall die Daumen!!!

Rückmeldung: Ich werde von Anfang an nur von einer Ärztin krankgeschrieben, von meiner Neurologin/Psychologin (Fachärztin). Da sie bis heute im Urlaub war, kann ich mit ihr erst frühestens am Montag reden. Ich hoffe, dass sie mit mir diesen Widerspruch angeht. Ich versuche nun schon seit Monaten, eine Psychotherapie zu bekommen – aber weder Tagesklinik, Krankenkasse, Ärztin noch BIPP können mir in irgendeiner Art behilflich sein. Ich werde von Pontius nach Pilatus geschickt. MDK-Termine, Psychologen-Gespräche der Krankenkasse. Jeder hört sich meine Geschichte an, man wird bedauert, aber Hilfe bekommt man keine! Das finde ich echt traurig.

Und jetzt diese MDK-Geschichte: Die Gutachterin, die einfach so diesen Satz raushaut: „Schluss mit Lustig! Sie können voll Arbeiten gehen." Ich arbeite mit Menschen zusammen, mit kranken Menschen! Und denen gegenüber habe ich auch eine Verantwortung zu tragen. Wie soll ich sie denn pflegen, wenn ich selbst nicht mal mit mir klarkomme? Das mit der Einweisung werde ich mir durch den Kopf gehen lassen. Bisher war meine Familie zuhause der Halt, den ich für mich als sehr wichtig und sicher empfinde. Als Krankengeldempfängerin von einem 30-Stunden-Job reicht das Geld leider nicht aus, um eine Therapie selbst zu bezahlen. Aber ich werde am Montag sehen, was die Ärztin sagt.

Antwort: Vielleicht hilft Dir ja eine Regelung weiter (Siehe unten den ersten link), die greift, wenn keine Therapeuten mit Kassenzulassung zu finden sind. Besprich' dies mal mit der Psychiaterin (melde' Dich da als Notfall, das bist Du ja auch wegen der Entscheidung des MDK). Sie müsste über diese Regelung Bescheid wissen. Ich hoffe, dass Sie Dich dabei unterstützt und sowohl die weitere Krankschreibung als auch einen Therapieplatz bei der Krankenkasse für Dich durchboxt – Du hast ein Recht darauf!!!

Folgende links können Dir vielleicht weiterhelfen:
Was mache ich, wenn es keine freien Therapieplätze bei Therapeuten mit Kassenzulassung gibt?
http://www.sozialblog.com/blog/2008/09/was-mache-ich-wenn-es-keine-fr.html
Therapie: Was mache ich, wenn die Krankenkasse nicht mehr bezahlt...
http://www.sozialblog.com/blog/2008/09/therapie-was-mache-ich-wenn-di.html

Nachtrag: ... und schau' zusätzlich mal nach (geführten) Selbsthilfe-/Therapie/Trauergruppen. Selbst wenn diese von einem privaten Therapeuten geleitet werden, sind diese nicht ganz so teuer wie Einzelstunden! Eventuell wäre das eine Möglichkeit der Überbrückung! Und was ich noch überlegte: Nochmal Tagesklinik? Hast Du da grundsätzlich gute Erfahrungen gemacht? Wäre das etwas für Dich? Dann wärst Du nicht ganz von zuhause weg...

Fall 43: Der MDK will mein Eingliederungsprogramm kürzen!

Frage: Ich bin seit sechs Monaten krankgeschrieben und nehme seit einer Woche am Hamburger Modell teil. Meine Ärztin hat die Wiedereingliederung wie folgt aufgeteilt: Erster Monat vier Stunden täglich; zweiter Monat sechs Stunden täglich; dritter Monat acht Stunden täglich (also wieder Vollzeit). Nun kam diese Woche ein Brief der Krankenkasse. Dort steht, dass der MDK auf Basis der medizinischen Unterlagen (Reha-Bericht) die Wiedereingliederung nur für einen Monat unterstützt. Oder anders ausgedrückt: Ich soll nach vier Wochen wieder voll einsteigen. Meine Ärztin hat nun ein Fax an die Krankenkasse geschickt, in dem sie aus medizinischen Gründen widerspricht. Meine Frage: Darf die Krankenkasse das einfach so entscheiden, obwohl Hausarzt und Arbeitgeber das vorgesehene Wiedereingliederungsprogramm bereits abgesegnet haben? Wenn ja, kann man da sonst noch irgendetwas unternehmen? Ich bin wirklich nicht in der Lage, in drei Wochen schon wieder voll zu arbeiten. Meine Hausärztin ist auch dagegen. Zudem hat meine Ärztin den Schwerbehindertenantrag vor zwei Monaten abgeschickt, aber noch keine Antwort erhalten. Der MDK hat mich bis jetzt noch nicht zu einer Untersuchung vorgeladen. Wäre toll, wenn dazu jemand was wüsste. Vielen Dank schon mal!

Antwort: Gut, dass Du so eine engagierte Ärztin hast! Grundsätzlich ist es so, dass das Wiedereingliederungsprogramm ein Vertrag zwischen Arbeitnehmer (krank), Arbeitgeber, Arzt und Krankenkasse ist. D.h. jede einzelne Partei hat ein Mitspracherecht. Die Krankenkasse als Geldgeber (denn sie bezahlt ja während der Wiedereingliederung Dein Krankengeld) sitzt natürlich am längeren Hebel. Ich würde mir jetzt jedoch noch keine allzu großen Sorgen machen, da Deine Ärztin ja bereits einen begründeten Widerspruch losgeschickt hat. Auf den muss die Krankenkasse erst einmal reagieren. Zudem hat die Krankenkasse bzw. der beauftragte MDK bisher ja nur aufgrund von Papieren entschieden. Aber Du hast grundsätzlich das Recht, persönlich begutachtet zu werden.[31]

Interessant wäre nun natürlich zu wissen, was im Entlass-Bericht der Reha-Klinik steht. Hast Du diesen vorliegen? Welche Empfehlung wird denn dort gegeben?

Was ich tun würde? Ich würde mich immer ganz klar mit Deiner Ärztin absprechen. Lass' sie das regeln, und Du hältst Dich daran, was sie sagt! Manchmal ist es einfach besser, wenn sich ein Arzt zwischen die Fronten stellt, dann ist der Patient ein wenig geschützter. Das war bei mir übrigens auch mal so, und ich war froh, dass mein Arzt das übernahm! Pass' gut auf

[31] Siehe Az: L 8 KR 228/06 und Handlungsempfehlung im nächsten Kapitel. Entnommen wurde dieser Praxis-Tipp aus der Ausgabe Rätsel und Medizin, August 2008

Dich auf, und weiterhin gute Besserung – hoffentlich mit dem richtigen Zeitrahmen!

Fall 44: Die Krankenkasse hat die Eingliederung beendet!

Frage: Hallo, ich bin zurzeit im Hamburger Modell! Vor einem halben Jahr habe ich eine Reise gebucht. Nun habe ich einen Antrag bei meiner Krankenkasse gestellt, mich für drei Tage vom Hamburger Modell freizustellen. Diese hat mich jedoch gleich wieder gesundgeschrieben. Aber mein Arzt hat mir sein OK gegeben! Mein Arbeitgeber war auch einverstanden! Hat jemand Erfahrung mit diesem Thema? Gibt es Gesetze?

Antwort: Hallo, da Du laut Gesetz während des Wiedereingliederungsprogramms leider keinen Urlaub nehmen darfst, hat die Krankenkasse das Recht, Dich gesundzuschreiben. Was sie aufgrund der Kosten natürlich gern gemacht hat – denn Deinen Urlaub will sie natürlich nicht bezahlen... Mehr kann ich dazu leider nicht sagen. Am besten fragst Du nochmals nach!

Fall 45: Ich kann wegen meiner Schmerzen die Stunden nicht steigern!

Frage: Hallo, ich bin seit fünf Monaten krankgeschrieben wegen eines Bandscheibenvorfalls. Eine Operation hatte ich noch nicht. Ich war jedoch für vier Wochen in der Reha, was leider nicht viel geholfen hat. Zurzeit mache ich das Hamburger Modell, und bin bei vier Stunden täglich. Eigentlich bin ich nach zwei Stunden schon nicht mehr fähig zu arbeiten, und ziehe trotzdem die vier Stunden irgendwie durch. Was passiert denn nun weiter? Sechs Stunden schaffe ich definitiv nicht. Ich weiß wirklich nicht, wie es weitergehen soll. Es bringt doch auch nichts, wenn ich wieder zuhause bleibe. Davon wird es ja auch nicht besser. Wie lange kann ich denn vier Stunden arbeiten?

Antwort: Du schreibst leider nicht, wie lange Du nun schon vier Stunden täglich im Wiedereingliederungsprogramm arbeitest... denn hiervon ist ja dann auch abhängig, wie lange Du eventuell noch bei dieser Stundenzahl bleiben kannst. In der Regel kannst Du schon einige Wochen so arbeiten, bevor Du Deine Stunden weiter steigerst – irgendwann hakt die Krankenkasse nach, wenn es zu langsam geht.

Aber ich habe das Gefühl, dass bei Dir aktuell etwas ganz anderes ansteht: Ein ausführliches und ehrliches Gespräch mit Deinem behandelnden Arzt! Hast Du denn mit ihm schon einmal ehrlich darüber gesprochen, dass Du "eigentlich" nach zwei Stunden schon kaputt bist – und dass Du Dir nicht vorstellen kannst, auf sechs Stunden zu gehen? Irgendetwas muss dann ja passieren... eventuell doch OP oder, oder...? Aber wie gesagt, dies ist eine vorrangig ärztlich-medizinische Entscheidung – die wir aus der Ferne und als Laien aber nicht treffen können. Alles Gute!

Wichtige Informationen und Tipps

Krankengeldzahlung darf nicht ohne Begutachtung beendet werden

Manche kennen dies vielleicht: Die Krankenkasse ist trotz anderslautender Atteste und Aussagen der behandelnden Ärzte der Meinung, dass der/die Patient/in arbeitsfähig ist. Die Zahlung kann sie jedoch erst verweigern, wenn sie ein medizinisches Gegengutachten nach persönlicher Begutachtung vorlegen kann.

Dies entschied das Landessozialgericht Hessen in einem bereits länger zurückliegenden Fall: Atteste mehrerer Ärzte besagten, dass die Patientin weiterhin arbeitsunfähig und damit auf das Krankengeld angewiesen sei. Die Kasse stellte jedoch die Krankengeldzahlung ein, und berief sich bei ihrer Begründung auf die Stellungnahme ihres medizinischen Dienstes, der die

Arbeitsfähigkeit begründete. Dieser hatte die Patientin aber weder gesprochen noch gesehen. Das Gericht wertete die Entscheidung der Krankenkasse daher als voreilig und willkürlich. Vertraut eine Krankenkasse nicht der Beurteilung der behandelnden Ärzte, muss sie den medizinischen Sachverhalt auf wissenschaftlicher Basis untersuchen, so die Experten. Befragungen der Ärzte und eine Untersuchung der Patientin seien dafür unerlässlich; diese seien jedoch in diesem Fall unterlassen worden.

Mein Tipp, da ich in einem anderen Fall ähnliches erleben musste (es ging damals um einen Fachklinikaufenthalt, den meine Krankenkasse nicht bewilligen wollte. Damals wurden weder meine Ärzte kontaktiert noch hat der Medizinische Dienst der Krankenkasse mich je gesehen, gesprochen oder gar untersucht): Gehen Sie dagegen an. Bitten Sie um ein persönliches Gespräch und eine Untersuchung. Bitten Sie auch darum, dass die Krankenkasse bzw. der Medizinische Dienst sich mit Ihren behandelnden Ärzten auseinandersetzt (dies wird inzwischen aus Zeitmangel oft unterlassen). Und lassen Sie nicht locker, gegebenenfalls mit Hilfe eines Anwalts. Für alle, die sich das Urteil genauer anschauen wollen, hier die Daten: Az: L 8 KR 228/06. Gelesen habe ich den Tipp in der *Ausgabe Rätsel und Medizin, August 2008.*[32]

Aussteuerung – und was mache ich jetzt?

Sie haben den Brief von der Krankenkasse erhalten, in dem steht, dass die Höchstbezugsdauer für Ihr Krankengeld zu Ende geht? Dann wurde in dem Brief sicherlich auch ein Termin für die sogenannte „Aussteuerung“ genannt. Meist erhalten Sie die Ankündigung ca. drei Monate vor Auslaufen des Krankengeldes. Geraten Sie jetzt aber bitte nicht in Panik. Lesen Sie sich den Brief genau durch, am besten lassen Sie noch jemand anders, einen

[32] Rechtstipp, Ausgabe Rätsel und Medizin, August 2008; Az: L 8 KR 228/06

Unbeteiligten, "drüberschaun". Reden Sie vor allem auch mit Ihrem behandelnden Arzt darüber, wie es für Sie weitergehen soll.

Handlungsmöglichkeiten haben Sie folgende:

a)

Wenn Sie wissen, dass Sie in den nächsten Wochen bzw. Monaten wieder arbeitsfähig sein werden, sollte Sie dieses Schreiben nicht belasten. Dann ist es für Sie erst einmal unwichtig.

b)

Wenn Sie bereits so lange krank sind, und auch keine Besserung absehbar ist, haben Sie sich sicherlich schon überlegt, ob Sie nicht den Antrag auf EM- oder EU-Rente einreichen sollten. Vielleicht wurden Sie hier ja auch bereits von Ihrem Arzt oder von einem Krankenhaus angesprochen. Und vielleicht haben Sie den Rentenantrag ja bereits eingereicht, der jetzt in Bearbeitung ist. Wenn nicht, dann sprechen Sie das Thema spätestens JETZT an.

c)

Überprüfen Sie noch einmal die Daten, die von der Krankenkasse errechnet wurden. Stimmen Ihre Berechnungen mit denen der Krankenkasse überein? Wichtig: Sollte etwas unklar sein, können Sie bei der Krankenkasse nachfragen.

Sollte etwas nicht richtig sein, haben Sie ein Anrecht auf Anhörung (bzw. Stellungnahme); Formulare für diese werden von der Krankenkasse meist bereits im Brief beigelegt. Ein Tipp: Hier sind sicherlich rechtliche Beratung und auch die Unterstützung Ihrer behandelnden Ärzte angesagt, da es wahrscheinlich nicht unwichtig ist, wie die Gegenargumente vorgetragen werden. Achten Sie vor allem auf die relativ kurzen Fristen, die Ihnen in dem Bescheid genannt werden.

d)

Wichtig: Sie haben in der Regel nach Aussteuerung Anspruch auf Arbeitslosengeld 1 (ALG I) oder 2 (Hartz IV). Dies wiederum hängt unter anderem von Ihrer Beschäftigungsbiographie und den bisher in Anspruch genommenen Arbeitslosengeldern ab. Zur Abklärung des Anspruches gehen Sie zum Arbeitsamt. Lassen Sie sich einen Termin geben. Fragen Sie am besten vorab über die Hotline an, was Sie für das erste Gespräch mitbringen müssen. In der Regel reichen jedoch beim ersten Mal Ihr Personalausweis und der Aussteuerungsbescheid von Ihrer Krankenkasse völlig aus.

Weitere Informationen finden Sie unter anderem bei:
http://www.sozialblog.com/blog/2008/03/aussteuerung-und-wie-geht-es-w.html
http://www.sozialblog.com/blog/2008/02/aussteuerung-der-erste-schritt.html
http://www.sozialblog.com/blog/2008/02/aussteuerung-was-ist-das-2.html

Antragstellung – was muss ich beachten?

Wie so oft bei Behörden, müssen auch bei der Kranken- und Rentenversicherung für eine Vielzahl der Sozialleistungen erst Anträge gestellt werden. Unterschieden wird zwischen

- formellen Anträgen (z.B. Rente, Reha-Verfahren), für die jeweils spezielle Antragsvordrucke auszufüllen sind.
- formlosen Anträgen (z.B. Leistungen der Pflegeversicherung, Leistungen der Eingliederungshilfe), die jedoch auch auf jeden Fall schriftlich verfasst werden sollten.

Fragen Sie am besten bei dem jeweiligen Sachbearbeiter nach, ob es für die betreffenden Leistungen Antragsformulare gibt (oft sind diese inzwischen bereits auf den betreffenden Webseiten als Download zu finden), oder ob ein formloser Antrag ausreicht.

Worauf Sie bei einer Antragsstellung zusätzlich auf jeden Fall achten sollten: Der Begriff Antrag sollte ausdrücklich Verwendung finden, beispielsweise als Überschrift "Antrag auf ..." oder direkt im ersten Satz nach der Anrede: "Hiermit beantrage ich ..." Die beantragte Leistung ist so präzise wie möglich zu benennen. Der Bedarf bzw. der Verwendungszweck sollte möglichst genau erläutert werden. Über die Entscheidung der Versicherung sollte ein schriftlicher Bescheid erbeten werden. Bitte beachten Sie zudem, dass für einige Anträge oft noch weitere Unterlagen notwendig sind (z.B. ärztliche Atteste, Entlass-Berichte). Fragen Sie im Zweifelsfall noch einmal bei den betreffenden Stellen nach, um alles wirklich komplett absenden zu können. Und zum Schluss: Machen Sie eine Kopie von Ihrem Antrag für Ihre eigenen Unterlagen.

Wenn Sie Schwierigkeiten beim Ausfüllen der – teilweise sehr komplizierten – Antragsformulare haben, wenden Sie sich am besten an die jeweiligen Ämter, Rentenberater, Sachbearbeiter der Krankenkassen oder auch Sozialverbände. Oft können Sie auch vorab Termine vereinbaren, in denen Sie den Antrag gemeinsam mit den jeweiligen Ansprechpersonen ausfüllen. Zögern Sie nicht, diese oft angebotene Hilfestellung anzunehmen. Dafür sind die betreffenden Sachbearbeiter nämlich auch da – um Ihnen zu helfen.

Wie beantrage ich eine stationäre Reha?

Sie wollen eine Reha-Maßnahme beantragen? Oder hat Ihr Arzt bzw. Ihre Krankenkasse Sie auf die Notwendigkeit eines Reha-Aufenthaltes angesprochen? Gründe für eine notwendige Reha gibt es viele (u.a. chronische schwere Krankheiten, eine schwere zurückliegende Krankheit oder eine drohende Erwerbsunfähigkeit).[33] Manche Reha-Maßnahmen

[33] Siehe u.a. hier: http://www.psoriasis-netz.de/themen/reha/rehaweg.html oder hier: http://www.betanet.de/betanet/soziales_recht/Medizinische-Rehabilitation-264.html (zuletzt aufgerufen am 18.03.2012)

werden noch vom behandelnden Krankenhaus angewiesen (z.B. nach schweren Krebsbehandlungen, Schlaganfall). Den Großteil der Reha-Aufenthalte müssen Sie jedoch persönlich bzw. gemeinsam mit Ihrem Arzt beantragen. Folgende Schritte sollten Sie dabei beachten:

1. Weihen Sie Ihr Umfeld ein

Besprechen Sie mit Ihrem Arzt und/ oder Therapeuten, welche Reha als notwendig erachtet wird. Gleichzeitig sollten Sie in Ihrem privaten (und eventuell auch schon in Ihrem beruflichen Umfeld) dieses Thema ansprechen, bevor Sie sich an die Formalitäten und damit auch den Antrag wagen.

2. Bestimmen Sie Ihre Wunsch-Klinik

Viele lassen diesen Schritt aus bzw. überlassen die Klinikwahl dem Kostenträger. Was ich persönlich für nicht sinnvoll halte. So viele Reha-Kliniken es in Deutschland gibt, so unterschiedlich sind auch deren Angebote. Was für den einen gut und passend ist, ist für den anderen kontraproduktiv. Und der Kostenträger wird selbst bei ärztlichen Attesten, die ihm idealerweise zur Verfügung stehen, nie so gut entscheiden können wie Sie oder Ihr Arzt. Besprechen Sie unbedingt mit Ihrem Arzt/ Therapeuten, welche Art der Reha-Klinik für Sie am besten ist bzw. welche Angebote Ihrer Heilung zuträglich erscheinen. Überlegen Sie sich auch, über welche Strecke Sie reisefähig sind. Ein Tipp: Machen Sie sich hier vorab unbedingt schlau über das Internet, über Broschüren, die Sie anfordern können, über andere Betroffene. Manche Kliniken bieten sogar Vorgespräche oder Besucherprogramme an, die Sie nutzen können, um sich die Klinik und das Programm vorab genauer anzuschauen, wichtige Fragen zu stellen, und so zu einer fundierten Entscheidung zu kommen.

3. Klären Sie, wer der Kostenträger sein wird

Dies ist – je nach Beruf und familiärem Status – unterschiedlich. Meist kommt einer der Rentenversicherungsträger (Deutsche Rentenversicherung, LVA, etc.) oder die Krankenkasse infrage. Bei nicht ausreichender Berufstätigkeit bzw. unzureichenden Einzahlungszeiten in die Rentenversicherungen, was vor allem bei Jugendlichen der Fall ist, ist in der Regel die Krankenkasse zuständig. Tipp: Rufen Sie Ihre Krankenkasse an, erzählen Sie von Ihrem Vorhaben und fragen Sie nach, wer für Sie zuständig ist.

4. Fordern Sie bei dem Kostenträger die notwendigen Formulare an
Ist z.B. einer der Rentenversicherungsträger für Ihre Reha zuständig, können Sie die notwendigen Formulare (Reha-Antrag) direkt dort anfordern oder z.B. auch auf http://www.deutsche-rentenversicherung.de unter dem Menü-Punkt "Formulare und Publikationen" als pdf-Dokument herunterladen (man muss sich ein wenig durchklicken, aber es ist alles zu finden).[34] Dieser Antrag sollte dann ausgefüllt zurückgeschickt werden. Vergessen Sie nicht, Ihre Wunschklinik zu vermerken – idealerweise fügen Sie noch eine Begründung hinzu. Ein Tipp: Besprechen Sie vorab mit Ihrem Arzt/Therapeuten, ob es sinnvoll ist, jetzt bereits ärztliche Atteste oder Gutachten, Befunde etc. mitzuschicken.

Ist die Krankenkasse zuständig, müssen Sie sowieso vorab Ihre/n Arzt/Ärztin kontaktieren. Von ihm/ihr bekommen Sie dann ein Formular, mit dem ein stationärer Reha-Aufenthalt empfohlen wird, "...da die ambulanten Maßnahmen nicht ausreichen und deshalb eine stationäre Reha sinnvoll wäre". Senden Sie dieses Formular an Ihre Krankenkasse, damit Sie von dieser wiederum die Antragspapiere für eine stationäre Reha erhalten. In den Papieren sind in der Regel Fragen von Ihrem behandelnden Arzt oder Ihnen selbst zu beantworten. Auch kann und sollte hier der Name der Wunschklinik

[34] http://www.deutsche-rentenversicherung.de/SharedDocs/de/Inhalt/04_Formulare_Publikationen/01_formulare/03_rehabilitation/_DRV_Paket_Rehabilitation_%20Med_Rehabilitation.html?nn=32364 (zuletzt aufgerufen am 18.03.2012)

eingetragen werden. Die ausgefüllten Papiere wiederum schicken Sie zurück an Ihre Krankenkasse, damit diese über die Antragsgenehmigung entscheiden kann.

5. Zusage oder Absage
Der Antrag wäre damit erledigt. Dann heißt es erst einmal: Warten auf die Zusage. Seien Sie jetzt nicht zu ungeduldig. Einige Wochen können hier ins Land gehen. Wenn die Zusage für Ihre Wunschklinik erfolgt, wird die Kostenzusage in der Regel parallel auch direkt an die Klinik geschickt. Diese wiederum wird sich dann mit Ihnen in Hinblick auf die Terminlegung in Verbindung setzen.

Leider kommt es jedoch immer häufiger vor, dass eine Reha-Maßnahme (erst einmal) abgelehnt wird. Wenn eine Ablehnung erfolgt, setzen oft Enttäuschung, Verzweiflung und Resignation ein. Viele geben dann auf. Aber das muss nicht sein! Denn sehr oft wird der erste Antrag mit einer Absage, egal von welchem Kostenträger, beantwortet. Es lässt sich vortrefflich streiten über den Sinn und Unsinn, das Warum und Wieso... aber es ist Fakt: Viele Reha-Anträge werden erst einmal abgelehnt. Was nichts mit Ihnen oder Ihrem individuellen Fall zu tun hat! Deswegen möchte ich Ihnen Mut machen: Widersprechen Sie, wenn Ihnen Ihre Reha wichtig ist, und Sie diese wirklich benötigen. Tipps für den Widerspruch finden Sie u.a. in diesem Buch oder auch direkt auf www.sozialblog.com.

Wie beantrage ich einen Schwerbehinderten-Ausweis?

Ein Antrag zur Feststellung der Schwerbehinderung und dem Grad der Behinderung (GdB) kann bei dem – für den Wohnort zuständigen – Versorgungsamt gestellt werden.

1. Sie schreiben einen formlosen Antrag, und bekommen daraufhin ein Antragsformular zugeschickt.

2. Sie holen sich gleich ein Antragsformular ab; in der Regel bekommen Sie dieses in den Versorgungsämtern, Fürsorgestellen, Sozialämtern und Behindertenverbänden. Ein Tipp: Fragen Sie bei Zweifeln und Unsicherheiten in den einzelnen Behinderten- oder Sozialverbänden nach, ob man Ihnen beim Ausfüllen des Antrags behilflich sein kann.

Was Sie auf jeden Fall benötigen: Die Unterstützung Ihres Arztes bzw. Ihrer Ärzte. Sprechen Sie diese daher an, bevor Sie einen Antrag auf Schwerbehinderung stellen – und fragen Sie auch nach deren fachlicher Einschätzung. Denn wichtig für die Überprüfung Ihrer Schwerbehinderung sind vor allem die ärztlichen Befunde, die den Antrag rechtfertigen (hier sollte der Arzt übrigens nur Beschwerden nennen, die länger als sechs Monate andauern).

Es gibt bei diesen Befunden wiederum zwei Möglichkeiten:
1. Sie legen die Befunde bzw. Atteste etc. gleich dem Antrag bei. Das spart Zeit.
2. Die Arztberichte, Atteste etc. werden später von dem Versorgungsamt direkt bei Ihren Ärzten angefordert. Dafür müssen Sie natürlich in dem Antrag die behandelnden Ärzte nennen.

Was zu dem Antrag noch gehört, ist ein Passfoto neueren Datums.

Anhand der medizinischen Befundberichte und der Angabe der einzelnen Behinderungen wird dann von der zuständigen Behörde ein Gesamt-GdB errechnet. Nach der Berechnung des Schwerbehindertengrades erhalten Sie einen Feststellungsbescheid, gegen den übrigens innerhalb einer gewissen Frist Widerspruch eingelegt werden kann.

Wichtig ist:

- Die Schwerbehinderungsgrade für einzelne Krankheiten bzw. Behinderungen werden nicht einfach summiert, um den sogenannten Gesamt-GdB zu errechnen. Ein Beispiel: Bei mir wurden z.B. die einzelnen Krankheiten aufgeführt mit den dazugehörigen GdB. Als Summe hätte sich ein Gesamt-GdB von 70 ergeben. Insgesamt bekam ich jedoch nur einen Gesamt-GdB von 50 anerkannt.
- Erst ab einem Grad der Behinderung von 50 wird ein Schwerbehindertenausweis ausgestellt, auch wenn vorher schon (z.B. bei einem GdB von 30) bereits einige Nachteilsausgleiche greifen können.

Weitere Informationen finden Sie hier und unter der Kategorie "Schwerbehinderung" in unserem Sozialblog. Wenn Sie darüber nachdenken, einen Schwerbehinderten-Ausweis zu beantragen, sollten Sie sich auf jeden Fall über die Vor- und Nachteile erkundigen, um für sich persönlich diese Entscheidung auch mit dem notwendigen Hintergrundwissen treffen zu können.

Schwerbehindertenantrag: An wen wende ich mich?

Sie möchten den Antrag auf Schwerbehinderung einreichen? Dann wenden Sie sich am besten an das für Sie zuständige Versorgungsamt (je nach Bundesland und Region sind diese unterschiedlich in den Behörden verankert – z.B. in Baden-Württemberg in den Landratsämtern, in Hamburg in der Behörde für Soziales, Familie, Gesundheit und Verbraucherschutz).

Daher ein Tipp: Fragen Sie am besten in den Bürgerzentren nach, welches Amt für die Schwerbehinderungsanträge zuständig ist. Oder Sie schauen bei Google nach (Geben Sie das Stichwort "Schwerbehinderung" und mit "*" dann Ihr "Bundesland oder Ihre Region").

Übrigens: Viele Regionen/ Bundesländer bieten bereits einen Online-Dienst an. D.h. Sie können hier das auszufüllende Antragsformular bereits als Download (pdf-Datei) herunterladen. Hierfür benötigen Sie den Acrobate Reader.

Sollte Ihr zuständiges Versorgungsamt noch keinen Online-Dienst bereitstellen, ist es am leichtesten, dort schriftlich das notwendige Antragsformular anzufordern. Oder noch einfacher: Sie gehen vorbei, und holen das Formular ab. Dann füllen Sie das Dokument aus.

Wichtig: Legen Sie die Ihnen vorliegende Atteste, Befund- und Entlass-Berichte aus den letzten zwei Jahren bei. Das war's. Danach schicken Sie alles per Post (idealerweise: Einschreiben) an die entsprechende Stelle.

Übrigens: Sollten Sie Mitglied in einem der Sozialverbände (VdK, SoVdk) oder einer Schwerbehinderten-Vereinigung sein, können Sie dort um Unterstützung bitten. Oder Sie fragen Ihren Arzt, Pflegepersonen etc., ob diese Ihnen behilflich sein können. Denn oft ist das Ausfüllen der Formulare eine größere Hürde, die Sie mit außenstehender und fachkundiger Unterstützung auf jeden Fall leichter hinbekommen.

Bitte nicht vergessen! Informieren Sie auf jeden Fall Ihre behandelnden Ärzte über Ihren Antrag. Denn diese werden oft von den Versorgungsämtern angeschrieben und um ihre Einschätzung gebeten!

Gutachten – Einsicht in Akten?

Sie sind unsicher nach einem Gutachtertermin? Sie wollen wissen, was ein Gutachter über Sie geschrieben hat? Dann fragen Sie nach. Patienten haben nämlich ein Recht auf Akteneinsicht (§ 25 SGB X). Im Sinne eines vertrauensbildenden Umgangs ist es sogar sinnvoll, wenn die

Gutachter/innen den Inhalt des Gutachtens bereits im Vorfeld mit den Betroffenen durchsprechen – leider ist dies jedoch nicht immer gegeben.

Aber Sie können nach dem Gutachtertermin selbst aktiv werden: Bei körperlichen Krankheiten (z.B. orthopädischen Gutachten) können Sie den Sozialleistungsträger (z.B. Krankenkasse, Rentenversicherung) um Akteneinsicht bitten und das Gutachten sogar kopieren (ggf. entstehen Kopierkosten). Auch ist es möglich, schriftlich um die Zusendung des Gutachtens zu bitten.

Bei psychischen bzw. psychosomatischen Krankheiten (z.B. neurologischen oder psychiatrischen Gutachten) besteht der Sozialleistungsträger darauf, dass Sie das Gutachten gemeinsam mit einem Arzt oder einem Therapeuten durchgehen – vor allem, um die häufig vorkommenden Missverständnisse zu vermeiden. Daher ist es hier am besten, den Sozialleistungsträger schriftlich darum zu bitten, das Gutachten an einen Arzt oder Therapeuten Ihres Vertrauens zu übersenden – und diesen dann in der Sprechstunde zu bitten, das Gutachten mit Ihnen gemeinsam durchzuschauen. Sie können sich so bestimmte Begriffe oder unklare Aussagen sofort erklären zu lassen.

Was ist eine Rechtsbehelfsbelehrung?

Bescheide von der Kranken- oder Rentenversicherung über die Gewährung oder Ablehnung einer Leistung müssen eine Rechtsbehelfsbelehrung enthalten, in der auch eine Widerspruchsfrist angegeben ist. In der Regel steht diese am Ende eines Briefes oder sogar auf einem Beiblatt. Daher achten Sie unbedingt auf das Kleingedruckte zum Schluss.

Manchmal fehlt die Angabe für eine Frist, dann fragen Sie am besten direkt bei dem Sachbearbeiter nach. Oft ist die Frist, in der Sie auf eine Ablehnung mit einem Widerspruch reagieren können, jedoch genannt – und beträgt ca. einen Monat.

Werden Reha-Anträge ohne ärztliche Gutachten abgelehnt?

In der Spiegel-Ausgabe 5/2010 wurde berichtet, dass bei der Deutschen Rentenversicherung (DRV) oft Verwaltungsangestellte über Reha-Anträge entscheiden, ohne dass die Unterlagen zuvor einem zuständigen Arzt zur Beurteilung vorgelegt worden sind. Im Ablehnungsbescheid der Deutschen Rentenversicherung heißt es jedoch in der Regel, Ärzte hätten die Unterlagen umfassend geprüft – auch wenn nie ein DRV-Arzt die Unterlagen gesehen hat. *"Das ist eine bewusste Täuschung der Versicherten"*, sagt der Vorsitzende des Marburger Bundes, Rudolf Henke gegenüber dem Spiegel[35]. Dass die Arbeitsbedingungen für DRV-Ärzte unattraktiv sind, wurde auch hier im Blog schon des Öfteren laut (z.B. wurde über die Streiks der dort angestellten Ärzte berichtet). Nach Informationen des Marburger Bundes waren 2010 durchschnittlich 15 Prozent der Stellen unbesetzt, was sich natürlich auch auf die Bearbeitung von Reha-Anträgen ausgewirkt hat: Laut DRV-Mitarbeitern warteten im Mai 2010 mehr als 30 000 Reha-Anträge auf Bearbeitung. Gegenüber dem Spiegel erklärte die DRV, dass Entscheidungen über Reha-Anträge tatsächlich ohne das Einholen weiteren ärztlichen Rats gefällt würden. Jedoch könne sie den Vorwurf, dass Versicherte eine gegenteilige Mitteilung erhalten, "*nicht nachvollziehen".*

Für mich ist teilweise nachvollziehbar, dass manche Reha-Anträge auch ohne Arzt abgelehnt werden können (z.B. gibt es die Frist von ca. drei bis vier Jahren, innerhalb derer eine weitere Reha nur in absoluten Ausnahmen genehmigt werden darf). Aber ich gehe davon aus, dass die meisten Menschen erst eine Reha beantragen, wenn es wirklich bitter notwendig ist.

---

[35] Spiegel-Ausgabe 5/2010

Zudem ist ein Reha-Antrag keine Routine-Aufgabe, die der/die Antragssteller/in „mal eben so“ nebenbei erledigt. Formulare müssen ausgefüllt werden; die behandelnden Ärzte müssen Gutachten und Atteste ausstellen etc. etc. Daher kann das Handeln der DRV nicht akzeptiert werden. Gleichzeitig bleibt dem/der Antragsteller/in aktuell jedoch nichts anderes übrig als sich mit den aktuellen Gegebenheiten auseinander-zusetzen, nicht aufzugeben, aber auch so konstruktiv wie möglich damit umzugehen.

Was bedeutet das für Sie, falls Sie gerade eine Reha beantragt haben? "Dranbleiben", nachhaken, sich durch eine erste Ablehnung (die inzwischen die Regel ist) nicht durcheinanderbringen lassen, Widerspruch mit Hilfe Ihrer behandelnden Ärzte einlegen. Weitere Informationen zum Widerspruch etc. finden Sie z.B. hier oder in unserem Sozialblog.

Nachtrag März 2012: Aufgrund von einschlägigen Fachartikeln muss davon ausgegangen werden, dass die Ablehnungs-Rate bei Reha-Anträgen (u.a. wurden 2011 ein Drittel aller Reha-Anträge für Mutter-Kind-Kuren von den Krankenkassen abgelehnt[36]) weiterhin ansteigt. [37]

Widerspruch – was muss ich beachten?

Gegen Bescheide (zum Beispiel von der Krankenkasse oder der Rentenversicherung) kann innerhalb der angegebenen Fristen (oft ein Monat ab Zugang) schriftlich Widerspruch eingelegt werden.

Da die Zeiten manchmal jedoch recht knapp bemessen sind, und gerade für die Bewilligung von Leistungen bei Versicherungen oft noch zusätzliche

---

[36] Siehe z.B. hier: http://www.aerzteblatt.de/nachrichten/46063 (zuletzt aufgerufen am 18.03.2012)
[37] http://www.betriebsrat.de/portal/themen/sz/union-fordert-mehr-geld-fuer-reha.html (zuletzt aufgerufen am 18.03.2012)

fachärztliche Atteste o.ä. beigelegt werden müssen, ein Tipp: Formulieren Sie für den fristgerechten Widerspruch zunächst ein formloses Schreiben nach dem Muster: "Hiermit lege ich gegen den Bescheid vom ... Widerspruch ein. Die Begründung des Widerspruchs wird nachgereicht."

Damit haben Sie innerhalb der vorgegebenen Frist reagiert, und gleichzeitig noch genügend Zeit, um mit Ihren Ärzten oder Therapeuten zu besprechen, welche Unterlagen bzw. Atteste nachgereicht werden müssen.

Wichtig für die korrekte und erfolgversprechende Formulierung eines Widerspruchs ist zudem, die Gründe der Versicherung für die Ablehnung zu kennen. Nur so können Sie zielgerichtet dagegen argumentieren.

Daher: Wenn ein Antrag abgelehnt worden ist, und die Gründe für die Ablehnung nicht mitgeteilt wurden oder nicht nachvollziehbar sind, fragen Sie bitte bei dem zuständigen Sachbearbeiter nach, und lassen Sie sich eine Auflistung der Ablehnungsgründe oder am besten gleich eine Kopie der erstellten Gutachten schriftlich zusenden.

Auf jeden Fall sollte der Widerspruch sorgfältig und idealerweise mit weiteren – bisher noch nicht genannten – Argumenten begründet werden, die Sie dann mit Attesten belegen. Lassen Sie sich hier von Ihren Ärzten, und wenn möglich, auch jetzt schon von einem Rechtsbeistand oder einem Sozialverband beraten.

Rechtsberatung in Streitfällen oder bei Fragestellungen

Gut ist, wenn Versicherungen, Ärzte und Patienten zum Wohle der Gesundheit eines jeden Einzelnen Hand in Hand arbeiten. Manchmal gibt es aber auch Streitigkeiten im Rahmen der knappen Kassenbudgets. Streitigkeiten, die sich z.B. um Pflegestufen drehen, um eine bestimmte

Behandlung bzw. Leistungen, welche die Krankenversicherung nicht genehmigt und partout nicht bezahlen möchte, Anerkennung von Berufsunfähigkeit oder, oder, oder...

Aus Erfahrung rate ich dazu, sich in solchen Fällen immer eine neutrale und sachverständige Unterstützung zu suchen. Oft ist man selbst als Patient oder Angehöriger zu sehr involviert, emotional überfordert – und kennt sich im Zweifelsfall in Hinblick auf die eigenen Rechte und Pflichten zu wenig aus. Auf der anderen Seite befinden sich in der Regel ein starker Gegner und vor allem ein großer Apparat.

Aber Unterstützung, Hilfestellung und Ratschläge gibt es: Sei es ein Fachanwalt, der sich im Sozialrecht gut auskennt, sei es die Unabhängige Patientenberatung (Informationen zu telefonischen Kontaktmöglichkeiten und Öffnungszeiten der einzelnen Büros finden Sie u.a. hier: http://www.unabhaengige-patientenberatung.de), sei es ein Sozialverband oder auch die Sozialberatung, die vor allem in Hilfsorganisationen oder auch in Kliniken angeboten wird.

Erster Ansprechpartner sollte grundsätzlich der behandelnde Arzt sein, dessen Unterstützung in solchen Streitfällen ja immer unabdingbar ist. Eventuell kann er Ihnen ja auch bereits einen Tipp geben, wer Ihnen in Ihrem individuellen Fall helfen kann.

Ich habe vor allem gute Erfahrungen mit der Sozialberatung in den Krankenhäusern gemacht, da sich die Sozialberaterin sehr schnell während der Behandlung mit den behandelnden Ärzten zusammensetzen und so die wichtigsten Eckdaten erfahren kann. Auch wenn es um Termine, Atteste o.ä. geht, sind die Abstimmungswege ziemlich kurz. Daher mein Tipp: Sollten Sie im Krankenhaus oder in einer Klinik sein (hier v.a. auch Reha-Klinik), nehmen Sie bei offenen Fragen die dort angebotene Sozialberatung in Anspruch.

Persönlich habe ich mir in einer sehr wichtigen und gleichzeitig verworrenen Angelegenheit darüber hinaus Unterstützung durch einen Fachanwalt gesucht, der mir wiederum von Freunden empfohlen wurde. Die Entscheidung fiel mir natürlich wesentlich leichter, da wir eine Rechtsschutzversicherung haben (wobei ich jedoch auch hier erfahren musste, dass meine Rechtsschutzversicherung erst die Anwaltskosten bezahlt, wenn es vor das Sozialgericht geht – in dem Fall, dass sich die Parteien vorab einigen, müssen die Kosten selbst getragen werden). Die Unabhängige Patientenberatung kenne ich persönlich nicht, aber ich habe hier schon von sehr guten Erfahrungen gehört. Lassen Sie sich also helfen, und Sie werden Zeit, Nerven und im Zweifelsfall Geld sparen. Auf jeden Fall werden Sie unterstützt, wenn es um Ihre oder die Gesundheit Ihrer Angehörigen geht.

Berufs- oder Erwerbsunfähigkeit – die ersten Schritte...

Manche Leser kennen dies vielleicht: Eigentlich stand man/frau fest im (Berufs-)Leben. Dann eine Krankheit, die sich nicht bessert, zwei weitere schwere Krankheiten folgen, und irgendwann heißt es plötzlich: "Wir können Ihnen nicht sagen, wann und ob Sie wieder arbeiten gehen können."...

Auf die emotionale und private Seite möchte ich in diesem Beitrag nicht eingehen. Eine andere Seite soll hier jedoch näher beleuchtet werden: Die Angst vor Formularen und den dahinter stehenden Ämtern bzw. die Frage "Was muss ich denn jetzt machen?". Auf diese Themen ist man/frau in der Regel schlecht vorbereitet, und im jungen Alter gibt es auch wenige Menschen im privaten Bekanntenkreis, die aufgrund ihrer Erfahrungen Ratschläge geben können. Daher vielleicht der wichtigste Tipp vorab: Lassen

Sie sich von Fachleuten helfen, wo es nur geht! Diese kennen die einzelnen Regelungen, Prozedere und Gesetze in- und auswendig – und können Sie damit auch in komplexeren Fällen mit Rat und Tat unterstützen.

Und was sind nun die ersten Schritte im Dschungel der Bürokratie? Hier finden Sie eine Liste der wichtigsten Schritte:

a)

Wenn irgendwo ein sozialer Dienst bzw. eine soziale Beratung in der Klinik oder ambulant zu greifen ist, vereinbaren Sie einen Termin. Die Mitarbeiter der sozialen Dienste helfen gern weiter, haben oft auch die notwendigen Formulare parat und können mit Ihnen in Ihrem individuellen Fall klären, was zu tun ist.

b)

Auch hilft sicherlich der eine oder andere Arzt weiter, wenn er fest davon überzeugt ist, dass Sie für längere Zeit nicht arbeitsfähig sind. Fragen Sie, löchern Sie ihn. Der Arzt kennt diese Fälle aus seinem Alltag, weiß auch, wie das Prozedere läuft. Und vergessen Sie nicht: Letztlich sind Sie bei der Begutachtung immer wieder genau auf diese Ärzte in Hinblick auf ihre Unterstützung (Atteste etc.) angewiesen.

c)

Gut ist auch, mit der Krankenkasse zu telefonieren bzw. nachzuhaken, wie lange das Krankengeld bezahlt wird. Dann haben Sie hier zumindest Klarheit. Auch unterstützt die Kasse Sie in Hinblick auf notwendige Reha- oder Rentenverfahren.

d)

Falls von ärztlicher Seite angeraten ist, sich mit dem Thema „Erwerbsunfähigkeits-Rente (EU-Rente) bzw. Erwerbsminderungs-Rente (EM-Rente)“ zu beschäftigen, lassen Sie sich Antragsformulare zusenden von Ihrer Rentenversicherung, und vereinbaren Sie gegebenenfalls bereits jetzt einen Termin bei Ihrem Rentenberater vor Ort. Die Berater unterstützen

Sie auch beim Ausfüllen der Formulare, und klären Sie über die weiteren Schritte auf.

e)

Sollten Sie eine private Berufsunfähigkeitsversicherung abgeschlossen haben, rufen Sie auch diese an. Oder Sie überlassen es Ihrem Versicherungsmakler, diese Aufgabe zu übernehmen. In der Regel schickt die Versicherung dann sehr schnell detaillierte Fragebögen zu, die es auszufüllen gilt.

f)

Und dann gibt es ja auch noch den Arbeitgeber, den es zu informieren gilt. Eine harte Aufgabe, die jedem schwerfallen wird. Aber wenn Sie es irgendwie schaffen: Besprechen Sie das Thema mit Ihrem Arbeitgeber in einem persönlichen Gespräch – ein guter Arbeitgeber wird es zu schätzen wissen.

Wiedereingliederungsprogramm: Das Antragsformular

Das Antragsformular für ein Wiedereingliederungsprogramm bzw. das "Hamburger Modell" gibt es in der Regel bei Ihrem Arzt, bei den Krankenkassen oder bei der Rentenversicherung. Grundsätzlich wird der Antrag von Ihrem Arzt erstellt, ausgefüllt und unterschrieben. Danach unterschreibt der Patient den Antrag, und gibt ihn an seinen Arbeitgeber zur Unterschrift weiter. Der Arbeitgeber muss laut Gesetz spätestens zwei Wochen vor Arbeitsbeginn (bzw. vor Beginn der Wiedereingliederung) diesem Antrag zustimmen (Anmerkung: Soweit die Theorie. In der Praxis liegt meist ein weitaus geringerer Zeitraum zwischen Antrag und Arbeitsbeginn). Nach der Zustimmung des Arbeitgebers wird ein Durchschlag mit allen Unterschriften an die Krankenkasse geschickt, damit alle Vertragsparteien über Zeitraum und Inhalt des Wiedereingliederungsprogramms informiert sind.

Wiedereingliederungsprogramm: Leider kein Rechtsanspruch

Der Beitrag „Stufenweise Wiedereingliederung - "Hamburger Modell"", der vor drei Jahren geschrieben wurde, ist bis heute mit Abstand der meist besuchte und kommentierte Eintrag im Sozialblog. Gerade zu dem Thema scheint es immer noch zu viele Unklarheiten und Wissenslücken zu geben, obwohl zumindest Krankenkasse, Mediziner und Arbeitgeber detailliert Bescheid wissen sollten. Unklar war für viele Besucher des Blogs zum Beispiel das Thema "Rechtsanspruch": Das Wiedereingliederungsprogramm bzw. "Hamburger Modell" besteht bereits seit mehr als vierzig Jahren. Aber der Arbeitgeber hat leider das Recht, die stufenweise Wiedereingliederung des Mitarbeiters zu verweigern. Er muss dafür keine Begründung liefern. Und somit hat der Arbeitnehmer keinen Rechtsanspruch auf das Wiedereingliederungsprogramm.

ACHTUNG: Für Schwerbehinderte gibt es hier eine Ausnahme nach einem Urteil von 2006 (Berufliche Rehabilitation/ stufenweise Wiedereingliederung). Siehe hierzu auch folgende Erklärung der Schwerbehindertenvertretung: „Schwerbehindertenvertretung: Erklärung des Hamburger Modell"[38] Zudem sollte berücksichtigt werden, dass es für den Arbeitgeber im Rahmen eines unternehmensinternen Betrieblichen Eingliederungsmanagement (BEM) schwieriger wird, ein Wiedereingliederungsprogramm abzulehnen.

Wiedereingliederungsprogramm: Wann ist dies sinnvoll?

Um die Sinnhaftigkeit und damit den Erfolg eines Wiedereingliederungsprogramms zu überprüfen, sollte die obige Frage vorab – vor allem im Sinne des Betroffenen – ehrlich und offen geklärt werden. Bitte gehen Sie jedoch als Betroffene/r davon aus, dass Sie zur Klärung der Frage Unterstützung benötigen, denn letztlich ist dies eine hochemotionale und manchmal auch

[38] http://www.schwbv.de/hamburger_modell.html

existentielle Frage, die nach einer schweren Erkrankung geklärt werden muss. Daher ist es gut und richtig, sich von ärztlicher und/ oder therapeutischer bzw. sozialrechtlicher Seite unterstützen zu lassen.

Ist der/die Betroffene, bin ich den Anforderungen an seinem bzw. an meinem alten Arbeitsplatz überhaupt noch gewachsen nach der schweren Krankheit? Ist eine schrittweise Rückkehr realistisch? Oder muss nicht grundsätzlich nach einer anderen Lösung gesucht werden? Z.B. hat sich das Wiedereingliederungsprogramm bei psychischen Problemen bewährt, wenn die "weichen" Arbeitsplatzbedingungen (Atmosphäre, Stimmung etc.) stimmten. Sobald jedoch klar ist, dass Spannungen oder Konflikte im Unternehmen bzw. rund um den Arbeitsplatz nicht bereinigt werden können, ist das Rückfallrisiko für den Betroffenen meist zu groß. Einen großen Stellenwert haben hier sicherlich Themen wie "Mobbing" und "Arbeitsüberlastung".

Dies kann ich durch eigene Erfahrungen bestätigen. Mein erster Versuch, mit dem Hamburger Modell wieder an meinem alten Arbeitsplatz einzusteigen, scheiterte aufgrund von Mobbingversuchen meines Chefs. Mein Hausarzt beendete damals das Programm bereits nach sechs Wochen, da es mir schnell wieder schlechter ging. Erst als mein Chef nicht mehr im Unternehmen beschäftigt war (einige Monate später), konnte ich das Wiedereingliederungsprogramm wieder aufnehmen und mit Erfolg abschließen. Hier hatte ich natürlich Glück und genügend Rückendeckung vonseiten der Unternehmensleitung. Wäre mein Chef geblieben, hätte ich kündigen müssen, um gesund zu bleiben.

Daher: Überprüfen Sie mit Ihrem Arzt/ Rehabilitations- oder Sozialberater in Abstimmung mit Ihrem Arbeitgeber, ob es realistisch ist, in dem bisherigen Unternehmen gesund zu arbeiten, oder ob nicht die Unternehmenssituation an sich bereits krankheitsfördernd war und ist. Ein Arbeitsplatzwechsel wäre dann eher anzuraten.

Auch für Menschen, die vor ihrer Erkrankung schwere körperliche Arbeit geleistet haben, und die trotz weitest gehender Genesung diese gar nicht mehr leisten könnten, ist ein Wiedereingliederungsprogramm nicht das Mittel der Wahl. Ideal wäre hier z.B. ein unternehmensinterner Wechsel, z.B. von der Werkstatt oder der Fabrikhalle in den Außendienst oder ins Büro.[39]

Literaturverzeichnis und hilfreiche links

Printpublikationen

Hamburger Abendblatt vom 25.11.2011

Rechtstipp, Ausgabe Rätsel und Medizin, August 2008

Spiegel-Ausgabe 5/2010

Online

http://www.aerzteblatt.de/nachrichten/46063

http://www.aerztezeitung.de

http://www.arbeitsratgeber.com/betriebliches-eingliederungsmanagement-bem-0384.html

http://www.arbeitsrecht.org/betriebsrat/arbeitsrecht/wie-sie-als-betriebsrat-das-hamburger-modell-zum-erfolgsmodell-ihrer-eigenen-arbeit-machen

http://www.arbeitsrecht.org/arbeitnehmer/bewerbung-einstellung/schritt-fuer-schritt-zurueck-in-die-arbeitswelt

http://www.arbeitsrecht.org/arbeitnehmer/krankheit/blog-news/wiedereingliederung-nach-arbeitsunfaehigkeit

http://www.betanet.de/betanet/soziales_recht/Krankengeld---Keine-Zahlung-1289.html

[39] Hamburger Abendblatt vom 25.11.2011, Sozialblog

http://www.betanet.de/betanet/soziales_recht/Medizinische-Rehabilitation-264.html
http://www.betanet.de/betanet/soziales_recht/Stufenweise-Wiedereingliederung-465.html
http://www.betanet.de/betanet/soziales_recht/UEbergangsgeld-488.html
„Merkblatt zur stufenweisen Wiedereingliederung (analog zum Hamburger Modell) (Beamtinnen und Beamte)“, gelesen auf: http://www.bezreg-koeln.nrw.de/brk_internet/organisation/abteilung04/dezernat_47/aktiv/wiedereingliederung/merkblatt_eingliederung_beamte/index.html
http://www.betriebliche-eingliederung.de
http://www.betriebliche-eingliederung.de/ca/j/dki
http://www.betriebsrat.de/portal/themen/sz/union-fordert-mehr-geld-fuer-reha.html
http://www.bwr-media.de; Stein, Günter: Wiedereingliederung nach psychischer Krankheit, auf: BWR-media.de vom 23.09.2011
http://www.deutsche-rentenversicherung.de
http://www.deutsche-rentenversicherung.de/cae/servlet/contentblob/55220/publicationFile/23161/G0830.pdf
http://www.deutsche-rentenversicherung.de/SharedDocs/de/Inhalt/04_Formulare_Publikationen/01_formulare/03_rehabilitation/_DRV_Paket_Rehabilitation_%20Med_Rehabilitation.html?nn=32364
http://www.einfach-teilhaben.de
http://www.einfach-teilhaben.de/DE/StdS/Ausb_Arbeit/ArbPl_sichern/Wiedereingliedern/wiedereingliedern_node.html
http://www.fibromyalgie-treffpunkt.de
http://www2.igmetall.de/homepages/zwickau/file_uploads/informationenzurstufenweisenwiedereingliederungwe.pdf
http://www.krank-ohne.rente.de

http://www.mdk.de/317.htm
http://www.mobbing-zentrale.de
http://www.rehadat.de
http://www.sozialblog.com
http://www.talentplus.de/lexikon/S/stufenweise_wiedereingliederung.html
http://www.talentplus.de/arbeitnehmer-bewerber/bestehende-arbeitsverhaeltnisse/Behindert_was_nun/Unterstuetzungsmassnahmen/Stufenweise_Wiedereingliederung/index.html
http://www.schwbv.de/hamburger_modell.html
http://www.sovd.de/sozialverband_deutschland.0.html
Rolf Winkel: „Zu krank um zu arbeiten" auf http://www.sueddeutsche.de/karriere/erwerbsminderungsrente-zu-krank-um-zu-arbeiten-1.499144
http://www.tk.de
http://www.unabhaengige-patientenberatung.de
http://www.vdk.de
http://www.vdk.de/cms/mime/2037D1222414036.pdf
http://www.wegweiser-berufsunfaehigkeitsversicherung.de/artikel/id/3
Conradt, Max: Beruf und Gesundheitstraining im täglichen Wechsel auf: http://www.welt.de/wams_print/article952313/Beruf_und_Gesundheitstraining_im_taeglichen_Wechsel.html, 17.06.2007

Printed by Books on Demand GmbH, Norderstedt / Germany